Anno del copyright: **2020**
Nota del copyright: © opera dell'ingegno di Giulia Odescalchi. Tutti
i diritti riservati.

ISBN: **88-8346-147-9**
ISBN-13: **978-8883461477**

Prima edizione **Graus Editore (January 1, 2006)**

Morale della Favola

storia inedita di
miseria e nobiltà

Giulia Odescalchi

A mio padre
L'unico modo che ho per renderti immortale
è riconoscere in me una particella del tuo infinito

INDICE

CAPITOLO I
-
IL MIO MONDO

Questa storia comincia dall'inverosimile...
Ciò che non posso sapere è dove fossi prima di venire al mondo, mi piace credere di esser stata lassù dove lo sguardo non incontra orizzonti.

La fortuna di nascere sotto ad un cavolo reale porta ad un destino ricco di vantaggi e svantaggi; in questo caso, che è appunto il mio, è facile confondere il mondo delle favole con quello reale.
Non mi è mai piaciuto recitare il ruolo della principessa; avrei preferito regalare più tempo alle mie pantofole pelose, piuttosto che indossare, troppo a lungo, scarpette di cristallo. È disorientante vivere oggi una realtà tanto remota, è più facile sentirsi come la ragazza della porta accanto, che far fronte a problemi di due mondi così diversi. La mia vita "fantastica" è solo apparenza, un modo come un altro per credere, e far credere, alle fiabe.
Provo a capovolgere la clessidra cercando di riportare il tempo indietro, ed ecco che il sipario della mia immaginazione si apre. Vedo una località balneare del litorale laziale, i battiti del cuore accelerano quando la riconosco, sono passati tanti anni da allora ed il paesaggio mi appare più selvatico: è il luogo dove ho passato i miei primi giorni di vita e molti momenti felici.

Il vantaggio di nascere durante le vacanze estive è proprio quello di farsi ricordare per aver interrotto la placida monotonia di giornate lunghe ed afose.

In giardino tre vispi bambini, sotto l'attenta guida della loro governante alto atesina, sono intenti a preparare una gradita accoglienza al nascituro. Carlo, Innocenzo e Filippo sembrano irrequieti, ma come spiegare loro che la nascita richiede tanto più tempo di quanto immaginano? Li vedo confusi tra le varie tonalità di verde, testimoni dell'infrangersi di un sole a me ancora sconosciuto; sono seduti su sedie da giardino, oscillano le gambe in ogni direzione, impossibile rimanere fermi per qualche minuto. Immagino grovigli di fiori ancora con lo stelo sporco di terra, tra le loro mani; è strano come il potere della suggestione mi renda capace di assistere alla scena.

La mia attenzione ora si sposta in una famosa clinica romana.

A questo punto inizia la mia storia: sicuramente prima di venire al mondo già esistevo, nei pensieri e nel cuore dei miei genitori; forse mi immaginavano proprio così, disegnata in tenui colori pastello, oppure imbrunita dalla porzione di sangue mediterraneo che mi scorre nelle vene.

Quel fatidico giorno papà, per calmarsi, trova come unica soluzione quella di accendersi una sigaretta dopo l'altra e, di tanto in tanto, passarsi la mano tra i capelli. Devo molto a lui: l'uomo più importante della mia vita. Amo quella parte di me che lo ricorda.

Un pianto e l'ingresso alla vita è un miracolo sicuro, basterebbe quel pianto per capire l'indispensabilità della sofferenza umana ed accettarla.

Improvvisamente un energico vagito rompe il silenzio: è quello di un minuscolo neonato che finalmente comincia a respirare con i suoi polmoni, ma lo stupore più grande viene dopo cinque minuti, quando si sente un'altra voce. Come tutte le star il mio ingresso è sorprendente, nessuno sospetta un parto gemellare e neanche podalico, questo mi permette di essere subito accolta con gran gioia. "Finalmente una bambina!", sembra che sia proprio come papà desidera da alcuni anni-luce.

È l'ora che la mia immaginazione dia spazio ai ricordi.

Mi rendo conto che la vita mi ha accolto con grande affetto, originalità e creatività.

Ero finalmente parte del mondo che mi offriva luce, sole, aria:

tutto ciò di cui avevo bisogno. Un universo d'amore, di cose meravigliose e bizzarre. Facevo parte della società "privilegiata", ma ciò non mi sarebbe bastato a lungo; ben presto la vita da uccellino intrappolato in una gabbia dorata mi avrebbe reso consapevole dei miei reali desideri, primo tra tutti quello di evitare la muraglia di gente che gravitava intorno ai miei genitori.

Non conosco famiglia aristocratica che non abbia a cuore l'educazione dei suoi rampolli: questo compito viene affidato a bambinaie straniere che dovrebbero garantire un'educazione internazionale.

La quotidianità di noi gemelli era affidata alle cure di bambinaie anglosassoni cui veniva richiesta una pronuncia quasi impeccabile ed una discreta educazione. La maggior parte di queste erano bionde, poche le rosse, solitamente alte e grassottelle, dall'incarnato incredibilmente candido; il loro modo di camminare era scomposto, spesso grottesco, nonostante ciò sembrava che fossero sempre circondate da numerosi *latin lovers*, attratti da tutto ciò che appariva straniero. Allora l'universo femminile mi era quasi completamente sconosciuto, non riuscivo a comprendere quale bisogno avessero alcune donne di camminare ancheggiando così accentuatamente: perché dovevano portare abiti così aderenti su posteriori altrettanto evidenti? La moda cominciava a mostrarsi provocante e tutto quello scodinzolare sotto il mio sguardo era piuttosto provocante. Quando la bambinaia ci portava ai giardinetti pubblici, ogni pomeriggio, mi divertivo ad alzare le gonne alle signorine che ci passavano accanto; Federico, mio gemello, rideva così tanto che io mi sentivo oltremodo simpatica: com'era comico quello sguardo che si leggeva sul volto delle vittime; la loro espressione si addolciva solo quando incrociavano il mio viso d'angelo smaliziato: «Si sa, so creature!».

Ricordo che spesso, dopo il bagno, scappavo tra i corridoi di casa. Avevo solo un paio di mutandine in testa e correvo a tutta velocità: in quelle condizioni richiamavo l'attenzione dei miei dispettosi fratelli, che si divertivano a darmi pacche sul sederino.

Molte delle nostre bambinaie caddero in una fitta rete di beffe, l'Oscar per la creatività e diabolicità della maggior parte degli scherzi la devo riconoscere a Filippo: questo mio fratello dall'anima inquieta aveva dei vivacissimi occhi nocciola, quasi perennemente nascosti da un invadente ciuffo castano. L'affettuoso soprannome *er capozza* gli venne dato per la sconcertante abitudine che aveva di pensare poco prima di combinare guai.

Diane, una delle nostre bambinaie, era una tipa decisamente in carne, ma ciò che la rendeva irresistibile era il suo modo di parlare sputacchiando ovunque volgesse la sua bocca carnosa ed umidiccia; dovevo immaginare che Filippo non si sarebbe lasciato sfuggire l'occasione.

La sera Fede ed io eravamo i primi a sedere intorno al tavolo; ricordo una cena che sembrò cominciare troppo silenziosamente. Eravamo lì di fronte alla solita zuppa, immersi in un'insolita atmosfera: la curiosità spadroneggiava nei nostri pensieri; non era abitudine dei fratelli maggiori tenerci compagnia durante i pasti, era evidente che gatta ci covava.

Tutto d'un tratto vedemmo Diane schizzare dalla sua sedia con sorprendente agilità, fu allora che capimmo: Filippo aveva inserito delle puntine da disegno nel cuscino della signorina.

Sono convinta che se tutte le nostre bambinaie fossero state avvenenti e simpatiche come Rose nessuno si sarebbe mai permesso di prendersi gioco di loro: il detto "anche l'occhio vuole la sua parte", si adatta perfettamente anche al mondo infantile. Per noi ci voleva una super bambinaia, una specie di Mary Poppins, qualcuno che conoscesse la politica del: "basta un po' di zucchero e la pillola va giù"; e noi l'abbiamo avuta, anche se per troppo poco tempo.

Miss Rose era esattamente come la governante in celluloide, piena di creatività: la magia che le riusciva meglio era quella di trasformare vecchi calzini in divertenti personaggi.

Era[1] una bella ragazza dalle chilometriche gambe e la pelle d'avorio, portava sempre i capelli raccolti nascosti sotto ad un foulard; non saprei dire perché ci affezionammo tanto a lei, forse perché il suo copricapo la rendeva simile a nostra madre, o forse perché eravamo molto piccoli e ci sentivamo amati. Il periodo che passammo insieme a lei fu uno dei più belli della nostra vita.

Solo un tipo eccezionale come Miss Rose avrebbe potuto inventarsi un modo tanto originale per pescare.

Avevamo il privilegio di passare le vacanze fuori dal caos cittadino, quando non sceglievamo la campagna o la montagna, andavamo al mare. Il nostro paradiso era una piccola insenatura bagnata da acque cristalline: abitanti di quei fondali erano polipi, conchiglie, stelle marine, pesci e soprattutto ricci. Era quasi

---

impossibile entrare ed uscire dall'acqua senza farsi male, ma grazie ad un moletto in legno fatto costruire da papà, tale inconveniente poteva essere evitato.

La spiaggia appariva inaccessibile per i tanti sassi di ogni forma e dimensione che la ricoprivano.

Mucchi di famiglie in carne arrivavano lì portando sedie, tavoli, sdraio, ombrellone; invidiavo la loro spontaneità, quel modo così semplice di stare insieme mi affascinava.

A mezzogiorno li trovavo intorno ad un tavolo davanti ad un enorme piatto di pasta: quel piatto era una grossa tentazione, avrebbe risvegliato l'appetito di chiunque. Noi signorini smilzi invece potevamo godere delle comodità di un terrazzo, fatto con pietre magistralmente incastrate, di una cabina con doccia e di tanto spazio per le sdraio.

Ricordo che Miss Rose aveva l'abitudine di immergere le gambe nell'acqua per riuscire a godere di quel fresco brivido che le si arrampicava fino al collo.

Un giorno accadde un imprevisto: nel preciso istante in cui la tirò fuori si accorse di avere un polipo attaccato alla gamba; la tenerezza di quell'animale non bastò a placare il suo panico, non doveva essere tanto facile capire che, dopo tutto, il mal capitato era lui, e che un tuffo in padella sarebbe stata la sua misera fine.

Ero talmente piccola allora che ogni minimo sussulto di Rose mi faceva sobbalzare, ed anche in questo caso percepii la sua paura come una minaccia; dopo alcuni istanti di smarrimento conclusi che, in fondo, non temevo affatto quell'animaletto sfortunato: anzi, mi faceva un po' pena.

Le rinunce più penose sono quelle che ci portano a dover dire addio a persone amate; devo aver rimosso il motivo per il quale Miss Rose se ne andò: l'ipotesi più probabile è che abbia trovato un bell'italiano, lo abbia sposato e che adesso viva felice e contenta in qualche parte del mondo.
A volte mi domando se gli siamo mancati, se conservi ancora delle nostre foto o se invece siamo stati soltanto una delle tante famiglie per le quali ha lavorato.

CAPITOLO II

-

IL BAULE DEI RICORDI

Com'era speciale il mondo allora...
Tutto sembrava così misterioso, affascinante, la
forza delle illusioni si accompagnava a sogni
infantili, creando una magia grazie alla quale la
parola "impossibile" pareva non esistere.

Quando mi sdraiavo tra i fili d'erba che mi solleticavano le
orecchie, ed avevo lo sguardo perso tra le nuvole d'avorio, non
pensavo ad un futuro ostile, mi lasciavo semplicemente cullare
dall'ozio, perdendomi dietro alle strofe di una canzone inventata.
Potessi ritrovare la pace, l'innocenza, quel timido raggio di sole, il
quale riusciva a scaldarmi il cuore facendomi sentire al sicuro
ovunque fossi. Mi piace pensare al passato, ritrovare le semplici e
schiette emozioni, quelle ingenue paure che dipingevano notti
insonni; non posso fare a meno di pensare che se i timori di ieri sono
passati anche quelli di oggi potranno dileguarsi.

L'infanzia che ho nascosto nel baule dei ricordi riaffiora alla
mente colorata di rosa e celeste; Federico ed io, anche se molto
diversi, sembravamo condividere parte di una stessa anima: eravamo
speciali, come solo i bambini sanno essere, ingordi di giochi d'ogni
genere e pieni di quella forza che rende la vita un'affascinante

avventura.

Impossibile condividere ogni giorno con Fede senza venire contagiati; il suo fascino derivava soprattutto dalla vivacità e dal suo entusiasmo, che mostrava in ogni occasione. Lui era uno di quei bambini dallo sguardo furbo e dallo strano soprannome: *rompi the fox*.

Fox ed io eravamo inseparabili, non nego che la sua faccia tosta abbia fatto comodo, a volte, anche a me: Fede era così paravento da riuscire, spesso, a scampare dalle punizioni; quanto avrei potuto imparare da un tipo come lui!

Anche se gemelli era difficile che due personalità tanto differenti venissero confuse. Nessuno ci chiamava per nome, era più facile dire: «I gemelli qui... i gemelli lì...», solo a scuola io ero Giulia e lui era Federico.

Infondo al cuore esiste un posto molto speciale, dove sentimenti e ricordi si fondono, le emozioni vengono risvegliate dagli odori e dalle immagini di luoghi e persone care, tutto sa di magia; era lì che noi ragazzi trascorrevamo la maggior parte delle nostre vacanze, dove la natura appariva complice grazie a lunghi fili d'erba incolta tra i quali ci mimetizzavamo.

Io, Federico, ed i nostri cugini Vittoria e Andrea, eravamo gli eroi di incredibili avventure, battaglie nelle quali ci servivamo di due fienili disposti strategicamente uno di fronte all'altro, proprio come due fortini; alla fine della giornata eravamo ridotti come dei veri reduci di guerra, sporchi e malconci. La nostra si poteva considerare una banda con una gerarchia a seconda del valore; il fatto che Vittoria ed io fossimo le uniche bambine non aveva alcun peso. Federico era il capo ed una fonte inesauribile di idee, mentre Andrea era il suo inseparabile braccio-destro.

Mia cugina ed io stavamo spesso insieme, m'intendevo alla perfezione con lei. Quasi tutti erano ben accetti nella banda, a meno che non fossero particolarmente antipatici. Ci piaceva camminare nel folto del bosco e, sempre all'erta, immaginarci l'incombere di ogni genere di pericoli. Subivamo il fascino della notte, amavamo uscire di casa quando l'oscurità aveva già inghiottito tutto; nascosti dietro a torce più o meno potenti, la nostra immagine, da lontano, appariva come quella di lucciole giganti. Cosa c'è di maggior effetto se non quello di dilettarsi in macabri racconti, in un'atmosfera tetra come quella? Il tutto veniva accompagnato da effetti speciali: il verso di un barbagianni, il fruscio del vento tra le foglie, l'ululare di un cane in lontananza.

La paura era un sentimento da tener ben nascosto, questa dimostrazione di debolezza ci avrebbe reso il bersaglio di beffe a dir poco crudeli: era un modo come un altro per esorcizzarla, per dimostrare il nostro coraggio? O solo un mezzo per divertirci?

L'esempio dei fratelli mi aveva condizionato, tanto che avrei voluto essere anche io senza lacrime e senza paure.

Il teatro di queste nostre avventure era lì, dove si cacciava il cinghiale tra l'odore del legno umido e terra fangosa. I fine settimana autunnali erano veramente speciali, neanche la pioggia ci impediva di godere quell'aria salubre negataci a Roma; in realtà non ci interessava affatto cosa fosse più sano, per noi l'importante era divertirsi.

Il simbolo della proibizione più assoluta era il lago: troppo pericoloso per gli adulti che, per intimorirci, si erano inventati una storia simile a quella di Loch Ness; avevamo il divieto tassativo di attraversare quella strada che ci divideva dalle sponde del famigerato lago.

Federico non aveva mai creduto alle fandonie degli adulti ed un giorno mi volle dimostrare di aver ragione: era una splendida giornata, i raggi del sole cominciavano a colorare la carnagione ed a sbiadire le ciocche più esposte dei nostri capelli; attraversata la strada ci trovammo a tu per tu con una vasta distesa di grano.

La nostra traversata, tra quei giganteschi steli, lasciò una scia nel capo, oltre a segni evidenti nei miei occhi allergici: il silenzio del posto veniva spesso interrotto dalla violenza dei miei starnuti, anche se Fede non se ne era ancora accorto.

Arrivati finalmente a destinazione ci apparve una piccola baia bagnata da acque tranquille, un luogo incantato che non aveva niente di minaccioso.

Il nostro scopo era quello di ispezionare i fondali.

Ci spogliammo: dopo qualche minuto Federico si voltò verso me, cominciò a ridere e disse: «Mi devo essere sbagliato in effetti: un mostro esiste da queste parti. Ha due occhi gonfi come palle da tennis e sputa fuoco dalle narici».

Continuò a fissarmi: mi sentii un'idiota per qualche istante, poi compresi che parlava di me, e scoppiai in una risata.

Tornammo a casa con gli abiti sporchi e strappati: non poteva essere altrimenti dato che ci eravamo arrampicati su di un cancello in preda alle risate.

Col passar del tempo andare al lago divenne un'abitudine per noi, in estate non era possibile evitare gli effetti benevoli di un bagno così rinfrescante.

In quegli anni cavalcavo le onde con gli sci ai piedi, trainata da una barca già allora quasi antica; le minute e ritmiche onde scandivano la loro impercettibile melodia, infrangendosi contro il legno smaltato dello scafo.

Alvaro era il proprietario di uno stabilimento balneare: un omino semplice ed essenziale, perennemente abbronzato e sempre con il terrore di danneggiare la sua imbarcazione; per questo suo timore ci era vietato di chiedere di aumentare la velocità. Diventati troppo pesanti per la storica imbarcazione, le nostre visite ad Alvaro beach terminarono.

AL MARE

È impossibile negare quel sentimento d'intensa eccitazione che provavo al termine di un sofferto anno scolastico, anche se la tortura dello studio si sarebbe protratta per almeno un'ora al giorno.

Tra le ombre verdeggianti che il giorno dipinge sul terreno, confusa nella brezza salmastra di una località marina, nasceva una sottile certezza di libertà: il "campetto".

Questo era un prato con due pali conficcati nel terreno all'estremità dell'area: le "porte". I ragazzi della parrocchia circostante avevano l'abitudine di raggiungerci, quasi ogni pomeriggio, per disputare la solita partita. Io mi bardavo di tutto punto sperando di non dover solo scaldare la panchina; ginocchiere, guanti ed abbigliamento *sui-generis* facevano supporre che il mio ruolo preferito fosse quello del portiere. Difficile dimenticare l'emozione che provavo quando il pallone entrava nella mia area di rigore, impossibile non ricordare il grande desiderio di tuffarmi nella polvere e parare.

Alla fine del gioco ci rimaneva ancora l'energia per discutere, magari tenendo stretta in pugno una bottiglia d'acqua non più fresca.

Presto mi sono dovuta astenere dal giocare a calcio con i maschi tiravano troppo forte, ma ricordo volentieri il tempo perso dietro ad una porta con il cuore nascosto in un paio di adidas bianco-azzurre.

È così speciale l'universo infantile, che pur provando a riviverlo, sento di poterlo solo sfiorare: tenterò di accarezzarlo con le lievi ali di una libellula, riportando in superficie un bozzolo di granelli argentei.

CAPITOLO III
-
IMMAGINI DAL PASSATO

La mia vita non si sarebbe mai potuta svolgere tutta in una gabbia dorata, prima o poi avrei dovuto varcare quella soglia che divide gli Dei dai comuni mortali: come questi ultimi avrei dovuto imparare a morire, per poter rinascere. Non siamo che delle semi divinità di cartone, eletti per brillare in una costellazione di anime sole, le più lucenti ed appartate in un firmamento invidioso di tale splendore.

Da bambina, appena sveglia, odiavo specchiarmi: l'accecante luce artificiale mi faceva apparire pallida come un lenzuolo, solo col trascorrere delle ore potevo sperare di mutare il mio aspetto da sarcofago in qualcosa di più gradevole. La prima colazione mi vedeva alle prese con una tazzona ricolma di latte e *corn flakes*; quello che non riuscivo a mangiare finiva per terra, tanto che per almeno mezz'ora il suono dei miei passi risultava al quanto "croccante".

Le prime briciole della clessidra scandivano i minuti più imbarazzanti della giornata, quelli in cui mi lasciavo dominare da torpore e sbadigli. L'espressione dei miei commensali non variava di molto: occhi lucidi ed un po' serrati, capelli indomabili al pettine e spesso nasi rossi inumiditi dal raffreddore. L'odore di sonno consumato tra le coperte, l'aroma del cioccolato e quello del caffè, noi che ci trascinavamo senza entusiasmo da una stanza all'altra della casa, tutto ciò creava quella classica atmosfera di "vita familiare".

Che gran confusione! Tutti quei fratelli e quelle persone di servizio che mi gravitavano intorno, col solo scopo di dare inizio alla giornata, già organizzata da mamma nei minimi particolari; strano come specialmente in quei momenti le voci risultassero più squillanti e l'anarchia regnasse sovrana. La confusione che facevano le *nannies*, esortandoci a sbrigarci, era il nostro incubo: il loro unico scopo era quello di levarsi dai piedi un branco di ragazzini vivaci.

In nome della puntualità commettevamo un'immensità di crimini come: non finire la colazione, lavarsi il viso con due sole dita, dimenticarsi la merenda oppure un libro; tutto ciò si giustificava grazie al fatto che Claudio, l'imponente autista, era già in macchina ed il tempo stringeva.

Esistono dei particolari momenti che sembrano fatti apposta per meditare.

Ricordo che quando mi affacciavo dal finestrino della macchina di papà non ero affatto interessata allo scenario che mi sfrecciava davanti: avevo i pensieri assorti in tutto un altro genere di cose; oppure quando, in compagnia di un adulto, mi dirigevo verso l'asilo, un passo dei suoi equivaleva all'incirca a quattro dei miei.

Ero una di quelle bambine fortunate che sapevano tirar fuori un diamante da una rapa.

Mi piaceva evadere da un mondo ancora sconosciuto per perdermi dietro ad una chimera, a qualcosa che potevo creare secondo le mie esigenze e non temere.

Già dalle prime ore della mattina bisognava accettare l'idea di una giornata spesso non proprio entusiasmante: il motto era "prima il dovere poi il piacere"; ciò valeva per tutte le età, con la sola differenza che più si cresceva e meno tempo restava per il cosiddetto *piacere.*

Claudio era l'originale autista, calvo ed altissimo, il quale aveva il compito di accompagnarci ovunque per le nostre attività sportive, religiose od intellettuali, che richiedessero la nostra presenza; ricordo con simpatia questo personaggio buffo e presuntuoso, un pilota tutt'altro che prudente. Egli amava beffarsi del ruolo di accompagnatore, ironizzando sul cappello della sua divisa.

Per tutta la mattina ero costretta dietro ad un banco di scuola, immobile e composta come una lucertola al sole; l'unico modo che avevo per evadere era fantasticare.

La scuola, l'obbligo dell'autocontrollo, timori e frustrazioni ben celati dietro al fascino di una cartella a due chiusure metalliche, una divisa monacale bianca e blu: tutto ciò era legato ad un istituto di suore francesi, energicamente aggrappate a metodi che oggi chiameremmo spartani, ma allora non considerati tali allora.

Nessun colore o ammennicolo, al di fuori di quello della divisa, veniva tollerato.

Che strano mondo! Ma chi erano questi sconosciuti che pretendevano obbedienza e disciplina? Tutto ciò non mi piaceva, sembrava minaccioso ed ostile.

Quella era una delle classiche scuole private frequentate dai rampolli di buona famiglia dell'alta società: un istituto che mirava tanto ad una formazione nozionistica quanto a quella morale, nascondendo dietro a contegno e disciplina una struttura evidentemente *snob*.

Cresciuta in una giungla di maschi l'unico formalismo che potevo sopportare era quello impostomi a casa, pur preferendo l'anarchia e la confusione.

La prima elementare: che incubo!

Ho ancora davanti agli occhi quel palazzo grigio ed enorme che mi appariva così minaccioso ogni mattina.

Le aule erano ben illuminate grazie a finestre che davano su di un giardinetto pieno di verde ordinato e ben curato; naturalmente ero troppo distratta per accorgermi di tanta bellezza, l'idea di essere privilegiata non mi sfiorava la mente.

La mia maestra era una signorina piuttosto in carne, dai capelli neri sempre lucidi e raccolti; indossava un inseparabile paio di occhiali da dietro i quali mi scrutava con attenzione e severità, mostrando spesso tutto il suo disappunto. Ero un elemento refrattario che, nonostante l'impegno e la professionalità dell'insegnate, si rifiutava d'apprendere. Questa versione ben nutrita di Olivia pensava che io fossi molto stupida, ma suo crimine maggiore fu quello di portare questa sua opinione a conoscenza di più persone possibili: di conseguenza anche le compagne si sentirono quasi in diritto di trattarmi con disprezzo.

Che sogno sarebbe stato per me capire ed apprezzare ciò che ero, potermi identificare in qualcosa o qualcuno: non avevo gli elementi per apprezzare la mia originalità.

Tutto ciò non fece altro che portarmi ad assumere un atteggiamento ancora più ermetico nei confronti degli sconosciuti: sola, spaventata, nutrivo sentimenti di profonda irritazione, probabilmente suggeriti da quella mia parte di animo ribelle.

Ero una bambina silenziosa, testimone dei tardi anni Sessanta, della violenza e del disordine che animavano i contrasti ideologici di allora.

Le vie e le piazze di Roma ertano spesso gremite da cortei di manifestanti pieni di un odio che non capivo; un *mare magnum* di gente tutt'altro che pacifista sempre pronta ad assalire con ogni mezzo a disposizione le forze dell'ordine, costringendole ad usare i lacrimogeni.

Questi disordini erano all'ordine del giorno, specialmente sotto elezioni; in questi casi la misura cautelativa più importante da tener presente era quella di non passar mai in mezzo alla folla di manifestanti, *in extremis* i portieri avevano l'obbligo di chiudere il portone d'ingresso.

Dopo una mattinata di puro nozionismo amavo ritrovarmi in camera mia, tra le cose che mi erano care: la tappezzata bianca e rosa, il baldacchino che sporgeva pericolosamente sul letto, la scrivania di legno bianco testimone di interminabili ore spese dietro a detestabili compiti; in un angolo vi era un cesto ricolmo di giochi (dal quale spesso sporgevano bambole dalle espressioni buffe ed immobili, apparentemente incuriosite da ciò che accadeva nella camera).

Quel piccolo paradiso era spesso testimone di situazioni incresciose.

Il mio maggior problema era l'insicurezza accentuata dalle

incessanti umiliazioni scolastiche; non sapevo leggere bene come le compagne e l'unico modo per evitare di sentirmi dire *stupida* sembrava proprio quello di sparire, di non esistere, di non leggere mai di fronte a nessuno.

Avevo il cuore a pezzi, mi sentivo spaventata ed umiliata dall'ignoranza altrui: il cammino verso l'autostima pareva ancora immensamente lungo, ero sempre più convinta della mia estraneità a tutto e tutti.

Stavo reggendo un peso troppo gravoso sulle mie spalle di bambina: il mutismo sarebbe presto terminato, l'otre si stava riempiendo velocemente in attesa di quell'ultima goccia che lo avrebbe fatto traboccare. Non so in quale giorno di quale settimana né a che ora scoppiai in un pianto disperato, risvegliando i miei da quel classico torpore nato dalla troppa fiducia negli insegnati o nelle istituzioni.

Com'era bizzarro il mondo degli adulti: chiedeva fiducia a noi bambini pur dubitando, eppure la concedeva a perfetti estranei.

Quella volta, l'atteggiamento dei miei fu compassionevole e rabbioso allo stesso tempo, tuttavia non capisco ancora per quale motivo mi fecero ripetere la seconda elementare nella stessa scuola: perché umiliarmi ancora? Perché punirmi se la mia unica colpa era essere dislessica? Frequentare ancora quella scuola significava ammettere la mia inferiorità intellettuale di fronte alle ex compagne, subire ancora il loro disprezzo, tutto ciò solo perché non sarei mai stata come loro.

I ricordi sono destinati a sbiadire, ma un impercettibile granello di polvere tra le ciglia potrebbe far nascere ancora una lacrima, fondendo presente e passato in un'unica emozione.

CAPITOLO IV

-

IL DRAGO E LA RIBELLE

Non è possibile che il tempo scorra solo per segnare una nuova ruga sul volto, forse tenta solo di insegnarci a ricordare quanto allora si credeva di poter vincere l'inesorabilità della vita. La precarietà di quel periodo mi insegnò ad essere grata per ogni attimo di vita e per la bellezza, più o meno evidente, di tutto ciò che mi circondava.

A dodici anni non davo importanza al tempo che passava, era primavera e lo sarebbe stata ancora per molto. Un nuovo sole sorgeva all'orizzonte, un valido testimone di vita che mi avrebbe sorpreso a gestire un problema inatteso. Stavo subendo uno strano mutamento, la mia energia era soggetta a collassi, ma l'aspetto? Del tutto simile a quello di una bionda Morticia Addams. L'atmosfera incandescente di quei giorni non spiegava il motivo per il quale non accennassi ad un benché minimo sviluppo fisico, fossi così irritabile ed affamata: qualcosa non quadrava.

Il mio orgoglio cercava di nascondere una realtà di perenne

debolezza. Mi portarono dal dottore.

Lo studio del pediatra di famiglia aveva le pareti tappezzate con foto dei suoi giovanissimi clienti, era veramente gradevole entrare in quell'ambiente stracolmo di colore e calore.

Mi visitò e, dopo un lieve cenno di smarrimento, disse che avrei dovuto fare una marea di analisi; purtroppo il risultato di queste fu inequivocabile: io ero decisamente diabetica! Da quel giorno la mia vita cambiò.

Non è mai stata la mia avvenenza a preoccuparmi, ma piuttosto tutte quelle analisi sballate che ogni giorno mi toglievano la serenità; presto imparai che infondo giocare non era importante, mentre sembrava fondamentale l'equilibrio in tutto.

Conobbi la fame, un supplizio che credevo fosse solo la condanna dei poveri del terzo mondo. Cominciai una rigidissima dieta, dovevo mangiar poco per permettere al mio organismo di assimilare tutto il cibo, sopportare i crampi del mio stomaco insoddisfatto ed una famiglia di buon gustai.

I dolci non sparirono dal tavolo da pranzo, neanche i miei piatti preferiti, solo che ora potevo gustarne a sazietà solo il profumo. Se solo avessi immaginato che, nonostante tutto, sarei stata ancora capace di decidere del mio futuro…

Percepivo l'imbarazzo di una madre confusa ed impacciata di fronte ad un argomento tanto nuovo ed imprevisto; tutta via se per lei era nuovo, per me era un argomento soprattutto vitale.

La sua insicurezza mi rendeva ancora più fragile.

Non avrei mai voluto essere commiserata, né pretendevo che qualcuno tentasse di immedesimarsi in me: speravo solo di sentirmi più considerata.

Non avevo altra via d'uscita, dovevo accettare questo stile di vita e conoscermi più a fondo. La metamorfosi impostami prevedeva lo sviluppo della mia aggressività ed arguzia, il tutto calibrato con intelligenza.

Ero solo una ragazzina, ma dovevo già formarmi una psicologia di sopravvivenza.

Facevo parte di uno strano gioco di paure e minacce, terrorizzata da un dottore che non si curava affatto della mia ipersensibilità, mettendomi costantemente al corrente delle terribili conseguenze di un diabete mal gestito; assistevo inerme alla crudeltà dei suoi sproloqui, ai disastrosi pronostici sul mio prossimo mutamento in relitto umano.

Più mi rimproverava e meno riuscivo ad avere quella serenità necessaria per trovare l'equilibrio glicemico tanto desiderato, lui mi aveva bloccato il cervello.

Non sarei mai riuscita ad accettare me stessa e tale situazione se non avessi avuto il coraggio di ribellarmi a questa trappola mortale.

Andò così:

Una sera d'inverno, di quello classico che abbiamo qui a Roma mite e generoso, il cielo era terso di colore blu elettrico, le ultime luci del sole accarezzavano i profili dei palazzi più o meno antichi; io e mia madre eravamo diretti dal "drago"; quella sera non riuscivo a nascondere un senso di oppressione che mi pesava sul petto. Appena arrivati ci sedemmo. La sala d'aspetto era invasa da una luce come quella che l'ispettore punta negli occhi dei delinquenti per indurli alla confessione di tremendi reati; riusciva a trasmettermi lo stesso stato d'animo.

Mi sentivo in colpa per non essere riuscita a gestire il diabete.

Quando toccò a me entrai in quella stanza con l'espressione da cane bastonato: lui era sempre lì dietro alla solita immensa scrivania da super professore, con quello sguardo capace di trapanare l'aria per giungere a perforare il mio.

Fu più pungente del solito, o forse ero io a non reggere più il gioco: mi appariva sempre minaccioso come un drago.

Ricordo che ero stesa sul lettino, con le sole mutande sempre più larghe, quando vidi un quadretto attaccato alla parete, vi era scritto: "Per curare bene il diabetico è fondamentale tenere presente la sua emotività", che sorpresa! Allora il disastroso quadro clinico poteva dipendere anche dalla mancanza di sensibilità del dottore? Incominciai a nutrire un violento sentimento di ribellione.

Non riuscivo a respirare, il mio sguardo era pieno di odio, non potevo credere a quello che avevo scoperto: pareva proprio che "il drago" volesse sconfiggermi con l'inganno, invece di insegnarmi la via dell'indipendenza e della salute. Avrei voluto dimostrargli che anche io sapevo sputare fuoco, ma non lo feci per educazione. Mi sentii ancora più frustrata e desiderai ardentemente svanire nel nulla.

Tutto d'un tratto mi resi conto che non avrei più dovuto fidarmi di nessuno. Mi sentii infinitamente sola e consapevole che da ora tutto sarebbe dipeso solo ed unicamente da me!

In macchina, tornando a casa, tacevo: ammutolita da tutte

quelle impietose ramanzine, bastò una sola ed involontaria espressione di preoccupazione materna, a provocare un pianto isterico. Finalmente la bomba era esplosa, dissi a mia madre che non sarei mai più tornata da quel dottore, neanche se trascinata dalla forza pubblica! Dopo quella asserzione la poverina si trovò spiazzata e confusa, doveva essere stata la consapevolezza di un gioco crudele ad ammutolirla e concedermi il privilegio della scelta. Questa mia presa di posizione, anche se poteva sembrare un capriccio, fu forse il primo passo verso la maturità.

Passarono alcuni anni prima che ritrovassi un po' di fiducia nei dottori e decisi io quando fu il momento di consultarne uno;

questa volta non sarebbe più stato uno schiaccia sassi a seguirmi, bensì uno stimato professionista con le giuste dosi di umana sensibilità che ci avrebbe permesso di stabilire un rapporto sereno.

Che imprudenza lasciar passare tutto quel tempo, anche se mi servì a capire meglio come avrei dovuto fare per amministrare la mia vita senza cadere in preda alla depressione.

Per tutti ci sono dei momenti di solitudine, frangenti in cui si amplificano gli stati emotivi più cupi: ci si sente in fondo ad un burrone, e per uscirne cercavo di tradurre la mia forza interiore in energia fisica, pilotando i pensieri verso qualcosa di più allettante dell'autocommiserazione.

Mi sono ritrovata a fare i conti con una mente timida ed indagatrice che mi è stata d'aiuto, anche se spesso avrei preferito ignorare alcune scomode realtà.

A volte ho pensato che la vita fosse tutta lì, nascosta tra le pagine di un libro che non dovesse essere interpretato; la mia sarebbe stata la breve storia di una Biancaneve dalla salute cagionevole, il finale non prevedeva alcuna guarigione dovuta al bacio di chissà quale bell'imbusto dalla calzamaglia azzurra.

Quello era il periodo dei conti alla rovescia, ogni giorno passato pareva una conquista, semplicemente per il fatto che dal momento del mio risveglio la mattina non vedevo l'ora di ritirarmi sotto le coperte la sera; mi è difficile dimenticare quelle notti passate a domare tremendi incubi. Non amavo la mia quotidianità così piena di doveri e rinunce.

Il guaio di crescere in fretta è che si comincia a pensare da adulti troppo presto: cosa ne sarebbe stato della mia vita se non fossi riuscita a controllare la glicemia? Ero terrorizzata, volevo essere indipendente a tutti i costi, mi angosciava inoltre l'idea di non poter avere figli.

Sentivo parlare di "futuro", ma ero convinta di poter vivere solo nel presente, non avevo progetti a lungo termine: questa era ormai quasi una certezza che durò per svariati anni.

Col passar del tempo qualcosa cambiò, cominciai a credere più in me stessa, meno agli altri, scoprii di non essere così cagionevole, mi convinsi che nonostante l'apparenza io fossi sana; la vita mi aveva dato, insieme al diabete, una nuova forza, una forza che non a tutti è concessa.

A casa non era cambiato quasi niente, sempre troppe persone, sempre voci più squillanti che coprivano la mia, sempre routine…

E la cassaforte? Sempre piena di sentimenti inespressi.

Non so quanto la notizia della malattia abbia preoccupato la mia famiglia, ricordo che mia madre cambiò atteggiamento, diventò più esigente e protettiva.

Papà era sempre timido, i fratelli grandi sempre irraggiungibili ed il gemello pareva non sopportare l'idea che io non fossi più forte come una volta.

Tutto ad un tratto il mondo si era voltato verso di me, che prima non esistevo, chiedendomi di mostrare i denti e diventare finalmente autonoma.

Ricordo una sera di luglio: io e la mia famiglia eravamo in montagna, non faceva molto freddo e pioveva.

Mi sentivo felice perché ero scampa(ta), quasi illesa, da un terribile incidente in motorino.

Dopo un mese di immobilità nel letto di un ospedale mi ero guadagnata un busto ortopedico, cioè niente considerando che potevo rimanere sulla sedia a rotelle per il resto della mia vita.

Divideva questo periodo con me Alessandra, un'amica "storica": ci abbandonavamo spesso a profondi ragionamenti esistenzialistici, dove la brevità della vita e l'imminenza della morte facevano da padroni. Fortunatamente, dopo lunghi ed appassionanti discorsi, siamo giunte alla conclusione che bastava fare affidamento allo spirito di adattamento e all'intelligenza per volgere il negativo in positivo.

CAPITOLO V

-

PROFUMO D'INDIPENDENZA

Quanta confusione precede l'ispirazione. Poi, casualmente, una parola sembra sposarsi a perfezione con profumi ed eventi che timidamente riconquistano la scena e, come per incanto, ritorno ad avere tredici anni.

La prima cosa che ricordo è il rumore degli zoccoli di un cavallo che camminano sul selciato, quell'eco perso nel tempo era spesso accompagnato dall'odore di concime.

C'era una volta, a dire il vero non moltissimi anni fa un cavaliere, qualcuno che, a parer mio, ricordava Don Chisciotte.

Non avendo granché da errare girovagava per la campagna, a volte cercando l'avventura nelle macchie sovrastanti i terreni coltivati dell'azienda, ritrovandosi spesso aggrovigliato tra i rami delle sterpaglie selvatiche.

Lacrimino era il magrissimo guardiano che si ergeva fiero dalla groppa di Monte Nero, uno splendido cavallo dal manto scuro e dalla possente muscolatura.

Strano tipo di *cowboy*, i suoi vestiti non erano esattamente quelli americani: la divisa verde ed il cappello a falde ridotte non avevano nulla a che fare con quella dei mitici pistoleri.

Un consiglio glielo avrei dato volentieri: «Cerca di non scendere da cavallo, se puoi».

Quella posizione gli donava un'aria di maggiore regalità: il fascino da cavaliere senza macchia e senza paura svaniva al solo contatto dei suoi stivali con il suolo: appariva una minuta sagoma dall'andatura dinoccolata e semi-traballante.

Chissà perché, quando si parla d'infanzia, è facile pensare alla felicità.

Lo ero? Probabilmente no.

Questo stato di grazia che notiamo negli altri spesso è una maschera a noi familiare, un modo di apparire onde evitare di scoprire un profondo stato d'inquietudine.

Il sottile ed insistente tormento che custodivo in seno era dettato dalla consapevolezza della mia diversità.

Avrei voluto svanire, evaporare, fuggire da me stessa, lasciando una scia di nostalgia: volare con le ali di Mercurio ai piedi.

«Io e Federico, Federico ed Io»: sempre, comunque ed ovunque insieme, una dolce condanna del fato, un'imposizione di quel destino a cui mi sarei presto ribellata.

Tanti amici di cui neanche uno che sentissi veramente mio, questa è la sorte che meritavo vivendo all'ombra di un leader.

Il possesso di tutto quel fascino, ed apparente sicurezza, era forse più una mia debolezza che un suo merito: lo ammiravo e sostenevo sempre, anche se mi sentivo immensamente sola.

Questa condizione durò per vari anni, durante i quali avrei fatto qualsiasi cosa pur di rimanere al suo fianco; con il passar del tempo mi resi conto di aver bisogno di amici *miei*, non ero più disposta ad essere sopportata solo grazie alla popolarità del gemello.

Questa è la storia di uno dei miei primi veri gesti di ribellione.

Non molto lontano da Roma esiste un lago che rispecchia il verde di due tenute confinanti, una di papà e l'altra di zia Maria.

Una stradina, nel fitto della boscaglia, li unisce tutt'ora.

Quando volevamo andare a trovare nostro cugino, per far prima, percorrevamo quella stradina a piedi.

Andrea era un ragazzino dai biondissimi capelli a caschetto: a prima vista sembrava un piccolo lord, sempre elegante, mentre in realtà era scatenato e vivacissimo, dotato di uno spiccato senso dell'umorismo.

Avete presente una classica giornata autunnale, quando si spera che il vento continui a soffiare evitando che piova? In una di queste giornate noi gemelli ci incamminammo verso il famoso sentiero che doveva portarci a casa di Andrea.

Cominciò a piovigginare: i vestiti si stavano bagnando, e Federico decise che era il caso di tornare indietro.

Saggia decisione, ma non la mia!

Già pregustavo il gradevole incontro, e poi ero stanca di essere trascinata ovunque qualcun altro volesse; chiusi gli interruttori alla ragionevolezza ed affermai di voler continuare il tragitto anche da sola: litigammo.

Vidi il gemello che, borbottando, si allontanava.

Continuai a camminare: poco tempo dopo mi accorsi di aver perso la strada, ma la testa dura continuò ad avere la meglio.

Non pioveva più, diluviava! Le mie scarpe erano piene di fango e sassolini, avevo tutti i muscoli irrigiditi dal freddo e dalla tensione nervosa: alcune ore dopo nell'oscurità mi trovai circondata da rumori sconosciuti, la mia presenza doveva aver incuriosito una famiglia di cinghiali.

Ormai spaventata e pentita, non sapevo più dove andare: mi ero raggomitolata per terra, sedevo là coperta da un irregolare strato di foglie fangose, con gli occhi lucidi e la fronte febbricitante, un tutt'uno con la natura; proprio mentre pensavo all'ansia dei miei, rendendomi conto di quanto in realtà non volessi farli preoccupare, distinsi una voce tra i rumori sospetti: «Giuliaaa!».

Finalmente arrivava Lacrimino a cavallo: fui felice di vederlo, non desideravo altro che tornare a casa sana e salva.

Arrivata a destinazione apparivo come una palla di fango: ero lurida, l'umidità penetrata nelle ossa mi faceva tremare come una di quelle foglie rimaste attaccate ai vestiti.

Federico attendeva al varco furibondo, quando mi vide scaricò la sua tensione ricoprendomi di rimproveri.

La ricerca di Lacrimino fu premiata con molta gratitudine, e poi non è mica da tutti vestire la calzamaglia del principe azzurro, anche se pur per così poco tempo.

Ormai era giunto il momento di rendermi indipendente, di staccarmi, una volta per sempre, dal vincolo protettivo di un affettuoso gemello.

A volte mi chiedo se questa presa di posizione non abbia, in qualche modo, offeso Federico, per me non è stata esattamente una passeggiata.

Ho sentito molto la sua mancanza, ancora oggi mi domando perché questa decisione sia stata così necessaria e sofferta.

Non volevo abbandonare Federico, volevo solamente essere indipendente da una personalità forte come la sua.

Mamma si era accorta dei miei problemi relazionali e mi presentò le figlie di alcune sue amiche, sperando in un miracolo; il miracolo che chiedeva era quello di avere finalmente una figlia più estroversa e felice, una Giulia che allora ancora non esisteva.

Fu illuminante conoscere quelle ragazzine della mia età, avere la possibilità di notare quanto fossero diverse; erano molto più sicure di loro stesse, tanto che, inizialmente, mi sentii una troglodita in confronto a loro.

Ero indifesa e questo m'imbarazzava, sapevo che, se solo avessero voluto, avrebbero potuto far di me *polpette*.

In questa giungla di nuove emozioni rischiavo di essere attaccata, derisa, incompresa: il primo passo è sempre il più difficile, poi si impara a conoscere sé stessi e gli altri, ed il timore diventa solo un lontano ricordo.

CAPITOLO VI

-

MAGA O MENESTRELLO?

Che la storia rammenti vi è sempre stata la figura del menestrello, o comunque di qualcuno che, spettatore di vicende importanti, le narrava.
Sembra incredibile ma esiste ancora chi è capace d'incantare grazie ad una incredibile memoria e ad una affascinante dialettica: un personaggio che sembra sbucato dal passato, quando ancora vi erano i nobili guerrieri, le streghe e le magie.

Eccomi pronta a tuffarmi nel marasma di reminiscenze che portano il nome di Mathilde.

Sguardo profondo e vivace, minuta come un folletto che ha perso il suo appuntito copricapo, forse prima di incontrarci abitava nella cavità di un albero, lì su, tra le bianche montagne dell'alto Adige.

Creativa, amante della natura, manipolatrice di naturali toccasana, sempre impegnata con intrugli di erbe, strani oli, essenze che pochi hanno ancora il coraggio di testare.

L'ho sempre considerata capace di creare incantesimi per l'effetto ipnotico che i suoi racconti avevano su di noi, o forse il merito lo si doveva alla densa cortina fumogena che la circondava; talvolta parlava di sé, ma più spesso di noi, famiglia della quale si sentiva parte.

Era sempre presente, ancora prima della nostra nascita, così che anche noi gemellini potessimo avere la protezione di una sorta di *fata madrina.*

Davvero uno strano tipo: severa, esigente, un folletto delle ciminiere, se ne è mai esistito uno, incallita fumatrice di sigarette, per giunta al mentolo.

Vorrei tanto riuscire a tornare indietro nel tempo per scoprire la sua infanzia, a volte mi è venuto il dubbio che lei non sia mai stata bambina, che sia sempre stata quella Fro' dai pesanti abiti di lana ed i capelli cotonati.

Oggi non so pensare a Mathilde come ad un orco, o ad un generale prussiano, ma allora devo averla messa, più volte, tra i cattivi nella mia lista nera.

Era impossibile viverle accanto senza notare il suo carattere autoritario.

Il passato mi ha fatto capire quanto lei sia stata importante per me, l'unica capace di sfruttare la sua dialettica per convincermi a tirar fuori la mia femminilità; il segreto era far sembrare ogni scomodo lavoro domestico un gioco, ed ogni risultato un'opera quasi perfetta.

Mathilde sapeva essere dura ed esigente ma anche paziente e creativa.

Ricordo che una domenica mi svegliai e, dirigendomi verso la cucina, speravo tanto che mia madre potesse passare la giornata assieme a noi gemelli: ma quando mi resi conto che avrei dovuto accontentarmi della solita Mathilde, mi passò l'appetito.

Il fatto che anche lei avesse rinunciato a qualcosa per stare con noi non mi sfiorò la mente. Ero furiosa: la solita colazione in quelle condizioni non aveva sapore, il silenzio alimentava sguardi molto loquaci.

Lei mi fissava, mentre io la paragonavo ad una salamandra; l'unica presenza gradevole era quella di Federico.

Che affronto per me essere ancora trattata come una qualsiasi cosa passata di mano in mano; subivo la giostra di persone che popolavano casa mia pur sperando in un miracolo.

Dopo la colazione fui felice di ritornare in camera mia, finalmente sola!

Mentre mi vestivo, sentivo gli echi dei miei ragionamenti infuriati.

(Poi) Mi abbandonai al gioco: anche le bambole sembravano risentire dell'atmosfera che si respirava in casa, loro almeno potevano lamentarsi...

La luce che traspariva dalle tende della mia finestra si fece più forte.

Venne mezzogiorno, e Mathilde si affacciò dalla porta della mia stanza; sbucando da una nuvola di fumo, mi invitò a mettere in ordine ed andare a mangiare.

Nel vedere quella figura dalla voce rauca, che si rivolgeva a me con un tono più gentile, la mia ira si placò; Federico era già in camera da pranzo, il suo sguardo annoiato e l'espressione schifata della bocca, mostrava chiaramente quanto anche a lui non piacessero le verdure cotte. Stranamente quel giorno a casa non c'era nessuno, i fratelli chissà dove erano, i genitori *idem*. Solo a Mathilde pareva importare della sorte della nostra giornata.

Dopo uno o due forchettate più subite che gustate, la Fro' ci prospettò un pomeriggio al parco e, se mangiavamo tutto, anche un bel giro in bicicletta.

Inutile dire che i nostri piatti, alla fine del pasto, sembravano addirittura lucidati.

Fuori di casa faceva molto freddo, ma il sole illuminava l'azzurro del cielo e noi decidemmo di rischiare ugualmente: dunque uscimmo.

Giunti al parco cominciammo a correre come pazzi, sembravamo reduci da una lunga prigionia; affittammo una bicicletta e, mentre l'anima bucolica di Fro' godeva della natura circostante, noi gareggiammo scapicollandoci giù per le discese di Villa Borghese.

La bicicletta, che grande invenzione!

Quanto tempo abbiamo speso su uno di quei sedili rigidi, quanta energia nelle nostre gambe e quanti sogni confusi nel vento.

Giunto il momento di rendere le bici, avevamo il fiato corto ed i cappotti sgualciti sotto il braccio.

Mathilde sedeva sul prato ed aveva in mano due corone di

margherite e foglie intrecciate che ci posò sulla testa; ci disse che eravamo stati bravi, anche se forse un po' troppo temerari. Ritornammo a casa.

Come ogni buon menestrello Mathilde non si dimenticò di raccontare a tutti la nostra giornata; è sorprendente come riesca ancora oggi a rivangare episodi del passato con la stessa enfasi della prima volta.

Ella sembrava avere tutte le qualità richieste dai miei genitori: polso fermo, severità, un carattere forte ed autoritario capace di prendersi cura di tre ragazzini, quasi coetanei; pareva proprio un'impresa impossibile senza l'aiuto di una bambinaia con queste doti.

Ognuno dei miei fratelli maggiori era molto diverso dall'altro, solo la vivacità li rendeva simili.

Un'unica bambinaia non avrebbe mai potuto comprendere, e soddisfare, le diverse esigenze di ciascuno di loro; la comprensione, che è alla base di ogni buon rapporto, era difficile da ottenere, tuttavia l'autorità di Fro' pareva indiscutibile.

È triste dover ammettere che spesso i ruoli ci mettono l'uno contro l'altro, senza il peso di scomode responsabilità sarebbe tutto più facile.

Se provo a guardare oltre alle incomprensioni ed alle ingiustizie passate, mi accorgo che devo ringraziare Mathilde per non avermi mai abbandonato, per avermi aiutato in molte occasioni, per avermi voluto bene; e forse mi dovrei scusare per non aver capito subito che era la sofferenza ad armare di durezza le sue parole, per averla giudicata e per non essermi sforzata di capirla.

Fräulein è rimasta con noi per circa trent'anni.

Potrei continuare a scrivere di lei, di quanta passione mettesse in tutto ciò che faceva, del suo modo di narrare gli episodi della nostra vita, di come, ancora oggi, riesce a farmi fare pace col passato colorandolo di ironia.

Col tempo e per uno strano capriccio della sorte, lei è diventata più che mai la voce ed io la penna: diversi modi di raccontare e raccontarsi, timidi approcci di critica od approvazione, eventi percepiti in modo profondo e personale.

CAPITOLO VII

-

UNO STRUZZO CHE PROVIENE DA MARTE

Vi è mai capitato di sentirvi diversi, incompresi, come foste marziani?
A me sì, anche se guardando il cielo non riconoscevo nessuna stella come casa mia; ero semplicemente una terrestre che viveva la sua difficile adolescenza.

Consapevolezza: forse è questa la parola chiave.

L'espressione più adatta per cominciare a raccontarvi di quando il mio inconscio era occupatissimo a mascherare le paure e l'imbarazzo che provavo stando a contatto con la gente; non ero che una donna accennata, timida, spaventata creatura in balìa di una vita che già da allora le si presentava piuttosto severa.

Forse tutti noi partiamo dalla stessa base: «Il niente, o quasi...».

Spesso per costruire strane architetture dalle fondamenta più o meno sicure, per erigere palazzi o bicocche traballanti.

La vita mi aveva già insegnato a riconoscere il precario, a detestare l'impotenza, ad amarla disperatamente. A dodici anni imparai a vedere per la prima volta con altri occhi, ad ascoltare con altre orecchie, a percepire la realtà al di fuori di una me stessa troppo viziata. Cominciai a volermi isolare di tanto in tanto, per cercare delle spiegazioni a tutto ciò che non avrei mai potuto, o voluto, domandare ai miei genitori.

Vivevo uno stato di iperrecettività, scrutavo ogni evento con la lente d'ingrandimento. Passavo lunghe ore distesa sul letto, immobile, a cercare conforto, ero troppo giovane e troppo poco saggia per accettare tutto senza ribellarmi.

Affamata di risposte non capivo perché fosse così difficile domandare ai grandi, temevo il loro silenzio e non volevo che ritenessero stupide le mie domande: dunque tacevo.

Avevo una gran sete di risposte e cominciai a trovare un'altra fonte: fu illuminante scoprire come potessi soddisfare la mia curiosità solo osservando e ragionando. Non ero stata altro che uno spaurito anatroccolo ed ora forse ero pronta a diventare uno splendido cigno, ma allora perché mi sentivo tanto uno struzzo?

Non fu l'alba di un giorno a mutare la mia vita e la concezione che avevo di me stessa, ma piuttosto l'insieme di ragionamenti che mi convinsero a tentare la metamorfosi; non sarebbe stato semplice il mutamento di una crisalide così insicura, avrei dovuto riconoscere, e sviluppare, alcune mie doti molto nascoste...

A casa regnava una gran confusione, grappoli di malumore si intrecciavano a conflitti generazionali creando infiniti problemi e polemiche.

Lo stato di ribellione che io tentavo di reprimere nasceva da radici differenti: la mia era una costante lotta contro le privazioni e le costrizioni dettate dal diabete; non mi piaceva il mio stile di vita, detestavo la solitudine impostami dalla malattia.

Mi ritrovai, già da allora, a dover accettare la pesantezza di responsabilità adulte, non vi era più spazio per i sogni di una bambina: la realtà mi aveva aperto gli occhi e costretto a conoscere tutto ciò che avrei voluto ignorare.

Fu la troppa obiettività a minare quel poco di sicurezza che avevo acquisito, oppure il contrario?

La mia posizione di principessina privilegiata rischiava di naufragare.

Ci volle molta fatica a reggerla, tutto dipendeva da me, il segreto stava nel considerarsi sempre e comunque fortunata.

Mi venne spontaneo pensare che in fondo la sofferenza portasse con sé qualcosa di buono; cominciai a sentirmi colpevole per non aver capito prima di quanto in realtà fossi sempre stata immensamente fortunata.

Così come per incanto il famigerato: «Perché proprio a me? », ebbe modo di trasformarsi in: «Perché non a me, chi sono io per evitare tutto ciò!».

Il futuro era rinchiuso in una bolla di sapone, si poteva immaginare più che intravederne il contenuto: ad un passo da me ma ugualmente troppo distante.

Ogni avvenimento assumeva un'importanza fondamentale, mi guardavo intorno cercando di capire cosa volessi e come poterlo ottenere.

Marziana a tutti gli effetti, una mutante direi, grazie ad umori instabili ed un corpo in trasformazione.

L'accenno ad una maturità fisica non andava di pari passo con quella psicologica: la prima era piuttosto in ritardo, anche se attirò ugualmente la curiosità di alcuni ragazzi in piena tempesta ormonale.

Non avevo una grande opinione di me, ero semplicemente troppo distratta per accorgermi che forse stavo diventando una ragazza carina.

Il gioco dei fidanzatini: «Sto con lui? Non ci sto?» era forse troppo complicato e prematuro per me, che in quel periodo preferivo ancora le bambole ai bambolotti veri da trastullare.

Era un mondo che cresceva troppo in fretta, ed io avevo solo voglia di riprendermi quegli spazi di gioco infantili negatimi.

L'amicizia era comunque sacra, specialmente verso coloro che non l'avevano mai tradita: ero soffocata dalla mia timidezza, e vittima dell'imbarazzo che sentivo quando qualcuno mi faceva dei complimenti.

I rapporti sociali non erano mai stati il mio forte, ed ora mi si chiedeva una variazione su tale tema?

Avevo l'aspetto di una bambina e le responsabilità di un'adulta, dov'era finita l'adolescente? Ero troppo indietro o troppo avanti nella crescita per assomigliare alle mie coetanee.

Non mi sentivo pronta per altri cambiamenti, forse avevo paura di affrontare altri problemi senza saperli risolvere, o forse ero talmente timida che un approccio diverso dal solito non mi avrebbe fatto arrossire solo le guance.

Sviluppai molto tardi, forse perché parte di me ancora non era riuscita ad accettarsi, o forse per problemi dovuti al diabete.

Anche la mia vita sessuale cominciò tardi e non fu facile liberarsi da complessi nati da una severa disciplina di vita: tante proibizioni mi facevano vedere il male dappertutto, tanta timidezza riusciva a soffocare la mia spontaneità; forse non volevo crescere perché mi sentivo derubata di parte della mia infanzia.

Perché tutto stava cambiando così velocemente? Perché la Giulia di sempre ora sembrava così ridicola?

I fatidici sedici anni segnarono un mutamento: la mia testolina infantile cominciò a conoscere pensieri diversi, i sogni seguirono altre vie, il romanticismo mi bloccava, sorprendendomi con lo sguardo fisso nel vuoto.

La prima cotta non si scorda mai: era bellissimo, simpatico e naturalmente irraggiungibile.

Mi faceva sentire piccola, squallida, inadeguata, non gli avrei mai confessato ciò che provavo; ero gelosa di un sentimento che non conoscevo e che, se svelato, avrebbe potuto mettermi in un tremendo imbarazzo.

Rapii la mia attenzione per la prima volta ad una festa: il suo ciuffo risultava multicolore alla luce intermittente delle solite lampadine psichedeliche, il corpo sinuoso come quello di un'anguilla, ancheggiava al ritmo stordente della musica.

Era la prima volta che mi inoltravo in un ambiente così palesemente *discotecaro*: l'oscurità della pista da ballo era interrotta da tante palline colorate che scendevano su di noi come impalpabili fiocchi di neve.

Io ero lì in un angolo buio a godermi lo spettacolo.

Ed eccolo avvicinarsi a me: «Ciao Giu', vieni a ballare, dai!».

Riconobbi il suo volto, notai un fantastico sorriso a diecimila denti bianchi e perfetti; percepii una strana emozione: «No grazie, magari più tardi»; lui non udii la mia voce, il baccano era troppo, ma gli fu ugualmente facile percepire il rifiuto dal mio atteggiamento timido ed imbarazzato.

Quell'episodio fu l'inizio di una serata molto tormentata: morivo dalla voglia di ballare, però ero troppo timida per esibirmi in pubblico.

Ritornando a casa mi sentii tanto piccola, talmente microscopica che mi sembrava di venir deglutita dalle poltrone dell'auto di papà; in quel frangente avevo un solo pensiero in testa: "*E se avessi ballato?*": l'idea che in quel modo mi sarei potuta divertire era sconcertante al punto di lasciarmi imbambolata con un'espressione da ebete.

Fu sconvolgente rendersi conto che un ragazzo potesse riempire i miei pensieri e stravolgerli. Le preoccupazioni, i sogni, tutto ciò che fino ad allora occupava la mia mente, era sparito; quando chiudevo gli occhi riuscivo a vedere un solo volto, udire una sola voce, la sua.

La mia prima infatuazione fu una storia a senso unico, un'esperienza che mi ha avvicinata al mondo sentimentale degli adulti.

In quel periodo le ragazze sembrano potersi identificare con le pentole a pressione: allegre, vivaci e sempre sotto cottura.

Lo sport più ambito pareva quello che riusciva a rendere tutti orgogliosi cacciatori di prede: bipedi, senza penne né alcun becco, e a proposito di "becco…" la fedeltà sembrava un optional, in alcuni casi.

A Federico non sfuggiva nessuna ragazzina carina: era sua abitudine squadrare ogni mia nuova amica con attenzione, e non considerava solo quelle generosamente classificate come un "tipo".

Oltre ad un fisico proporzionato e snello, erano molto importanti gli occhiali da sole, di marca naturalmente, ed un atteggiamento simpatico ma distaccato, il tutto faceva molto *fico*.

Le ragazze dovevano essere carine, possibilmente bionde con i capelli lunghi, tratti regolari, il più possibile simile a *Barbie*; anche le mediterranee avevano successo, soprattutto se fornite di balconata imponente e forme audaci.

I ragazzini andavano in cerca di nuove esperienze sessuali proprio con il medesimo appetito degli orsi in cerca di miele, e con lo stesso rischio di venir punti dalle api.

L'immagine cominciava ad essere importante, molti la curavano eccessivamente, alcuni brillavano di fascino congenito, mentre altri non si ponevano neanche il problema.

Io ero priva di quel tipo di vanità civettuola che portava spesso le ragazze a collezionare storie; non mi interessava appendere il trofeo di chissà quale bel ragazzo sul muro, vantarmi di avergli fatto perdere la testa. Si interessavano a me solo quei tipi che io non prendevo minimamente in considerazione, mentre quelli irraggiungibili attiravano la mia attenzione.

I sentimenti erano una cosa seria, non riuscivo a mentire, né a sopportare la corte di qualcuno che non mi piacesse.

A diciassette anni cominciai a frequentare una scuola di ballo: sapete, quel genere di impicci organizzati apposta dai genitori per inserire i figli in un gruppo di ragazzi socialmente alla pari, o quanto meno perbene.

In quel periodo loro si erano trasformati in sospettosi segugi capaci di fiutare il pericolo ovunque, ed all'occorrenza ringhiare come mastini; avevano però capito che non potevano più costringerci in una gabbia dorata, anche se si illudevano di poterci controllare recintando i confini delle nostre conoscenze.

Ricordo quelle lezioni di ballo come un incubo; eravamo in tanti a subire le prediche della signora P ed il suo solito: «Oggi dovevo essere a Parigi, ma c'è la vostra lezione...», cui seguiva un lungo sospiro assai poco convincente.

L'appuntamento era ogni sabato alle diciannove davanti ad un tetro ed immenso portone che sembrava quello del castello del conte Dracula in Transilvania; dietro a quell'ammasso di legno cigolante si presentava sempre un cameriere in livrea, poteva essere il fratello gemello di Igor.

I più furbi tra di noi, dopo aver subdorato l'ambientino, decisero di presentarsi solo a fine lezione, fuori dal tetro palazzo, giusto in tempo per unirsi al resto della comitiva ed andare a qualche festa. Quello fu un inverno piuttosto divertente, eravamo tanti tra ragazzi e ragazze della stessa età, con i medesimi problemi esistenziali e forse gli stessi sogni; in questa realtà si formarono grandi amicizie ed amori giovanili.

CAPITOLO VIII

-

BALLO?

Il tempo è un signore esigente che, passando, ti pone di fronte sempre a nuove situazioni; quello che mi chiedeva ora era di trovare un equilibrio tra l'abbondanza della società privilegiata, di cui facevo parte, e le notevoli privazioni condizionate dal mio stato di salute.
La mia fu una difficile metamorfosi.

Facevo parte di quelle famiglie che, per mantenere un'immagine storica, sono saldamente legate ad antiche tradizioni.

Vivevo in una casa ricca di mobili, quadri e stoffe pregiate; le nostre camere da letto erano grandi e piene di luce, cucina e bagni funzionali.

Mia madre aveva creato un ambiente che le assomigliava, caldo e formale, antico ed attuale.

Lei cercava di insegnarci come essere dignitosi in qualsiasi momento e in qualsiasi situazione; ci faceva indossare gli abiti più belli, mangiare i cibi più sani, eravamo bombardati da stimoli di tutti i generi, premiava la nostra creatività. Avere dei figli sani e belli per lei era un merito; l'educazione formale, con tanto d'inchino ed il baciamano, un obbligo.

Allora il mondo sembrava diviso in adulti e bambini; i primi erano quelli che richiamavano al dovere mentre i secondi, noi, quelli che dovevano imparare da loro.

La perfezione non era virtù di nessuno, neanche degli adulti che ci penalizzavano per il costante disordine nelle nostre camere da letto.

I camerieri, sempre in divisa, apparecchiavano la tavola in modo ineccepibile: la cristalleria avrebbe tentato anche una gazza ladra.

Tutto questo può essere un bel modo di mantenere le tradizioni e l'igiene, oppure un seme di presunzione.

Vivevo quel periodo in cui mi era permesso, ogni tanto, di mettere il naso fuori casa anche la sera.

Noi giovani virgulti comparivamo qua e là a feste o a cocktails solo per far risplendere d'orgoglio genitori e parenti: «Com'è diventata carina, che bel ragazzo, somiglia a...».
Non si sentiva altro; man mano che la nostra presenza diventava abituale, si scoprivano anche le personalità di ognuno e si stringevano amicizie.

Quello fu un periodo di grandi cambiamenti nel mio guardaroba: il tanto odiato kilt che ero obbligata a portare, per non parlare dei calzettoni fino a sotto il ginocchio, e delle scarpe con la fibbia, stavano per lasciare il posto ad un altro genere di abbigliamento.

Nelle grandi occasioni mamma mi permetteva di scegliere uno tra gli abiti più belli, ma semplici, di famosi stilisti: un vestito che mostrasse solo braccia, decolté e vita stretta; le gambe bisognava immaginarle.

Passavamo ore ed ore nei negozi del centro in cerca del miglior equipaggiamento da ballo che esistesse: ero molto grata per la disponibilità di mia madre, ma detestavo girovagare per negozi, l'accecante luce dei neon mi provocava l'emicrania.

L'invito ad un ballo equivaleva quasi ad un invito a corte: dovevo essere impeccabile, indossare abiti sempre diversi, non era concepibile presentarsi con lo stesso vestito a due serate consecutive.

Mi sentivo alquanto inadatta ad indossare abiti lunghi, ero troppo maschiaccio per ancheggiare con stile.

Avevo un mondo di trucchi a mia disposizione, vestiti ed accessori tra i più belli, il tutto per trasformare una rapa in orchidea banca.

Quanto era importante tutto quell'*apparire*; se fossi stata molto brutta i miei non avrebbero esitato a spendere una fortuna pur di rendermi perlomeno carina.

La scenografia di quelle serate era affidata all'effetto di riflettori puntati su maestose fronde di alberi secolari, al buffet sempre sotto ad una tenda o gazebo - ornati con dovizia di particolari - e ad una gioiosa cornice di luci e colori che racchiudeva la pista da ballo; lì spendevo tre quarti della serata.

Chi non era abituato a tanta magnificenza correva il rischio di sentirsi ammaliato.

In quelle occasioni non mancavano le *trascinatrici*, quelle che amano essere sempre al centro dell'attenzione: queste prime donne venivano solitamente accompagnate dal proprio pubblico, un gruppo di amici pronti ad applaudirle.

Col passar del tempo l'ordine e la compostezza d'inizio serata svanivano, la timidezza si dileguava e l'atmosfera si arricchiva di euforia: il ghiaccio era sciolto.

Alcuni genitori tenevano molto al nostro ingresso in società, in fondo non si trattava d'altro che di dare una festa per i diciotto anni delle figlie e di spendere un patrimonio per creare l'occasione alla debuttante di conoscere un ipotetico *principe azzurro*.

A diciassette anni ero ormai consapevole che quella di Cenerentola era solo una favola, niente a che vedere con la mia realtà; il famoso *debutto* non mi avrebbe mai cambiato la vita, non ero interessata ad entrare in una società della quale mi sentivo già parte per diritto di nascita.

Presto sarei stata maggiorenne e questo era un evento da festeggiare in modo del tutto speciale.

Ci fu proposto di scegliere tra una crociera di venti giorni in Turchia, con zii e cugini, o *il ballo*: Fede ed io eravamo perfettamente d'accordo sulla scelta, il viaggio appagava enormemente il nostro animo d'esploratori, di feste ne avevamo pieno il calendario.

Ma come giustificare il mancato debutto? I miei genitori risolsero il problema in modo molto semplice: organizzandolo ugualmente.

Una volta accertato che comunque le usanze dovevano essere rispettate, cominciai ad esercitarmi nel *valzer*.

Passavo ogni serata con mio padre, cercando il modo più semplice per non pestagli i piedi; era mia abitudine quella di presentarmi a tale appuntamento in costume da bagno e scarpe coi tacchi alti: in questa ridicola tenuta speravo di arrivare, almeno, all'altezza del suo collo.

Mentre il mio cavaliere aveva il problema di rimaner serio, per più di dieci minuti, mamma si divertiva a commentare la mia tanto inadatta, quanto ridicola, tenuta da ballo.

Tutto doveva essere perfetto per quella sera, perfino io.

Dovevo alleggerire il mio passo da ippopotamo anoressico, trovare l'equilibrio su quei vertiginosi trampoli rosa, tutto questo per evitare una coreografia troppo comica.

IL DEBUTTO

Era una splendida sera di fine luglio, il cielo si stava aprendo dopo uno di quei temporali estivi che lasciano il simbolo colorato di uno sbiadito arcobaleno; potevamo finalmente camminare in giardino senza trasportare in casa troppa terra fangosa.

Vestito, abbronzatura accennata, capelli lunghi bloccati da lacche e schiume varie mi facevano sentire impacciata come una *barbie* in confezione regalo.

Quella sera gli invitati affluirono lentamente affollando una parte del giardino e poi l'altra, espandendosi a macchia d'olio; io me ne stavo sul portone accanto ai genitori regalando sorrisi, saluti e baci in quantità.

L'assurdità di queste situazioni è che ti devi comportare esattamente come una *star* senza esserlo, posare per fotografie ed essere simpatica e cordiale con tutti, dimenticare la vita reale per confondere e confonderti tra gli invitati.

A mezzanotte aprii le danze ballando tra le braccia di papà un favoloso valzer viennese, seppur con le gambe tremanti riuscii ugualmente a sembrare sicura di quello che facevo.

Passarono le ore in allegria, vedevo generazioni di gente dell'alta società mischiarsi, scambiarsi fraterni sorrisi e conversare piacevolmente, dopotutto la maggior parte di questi erano imparentati tra loro, oppure amici da secoli.

Quella fu una festa molto divertente durante la quale il ballo, la conversazione, nonché il fantastico buffet e la spensieratezza, fecero da padroni.

La notte finì per incontrarsi con le prime luci dell'alba sorprendendo noi giovani in spiaggia. Qualcuno si sdraiò per terra, altri sui pochi lettini a disposizione: c'era anche chi si era levato i vestiti ed avventurato per una nuotatina, senza calcolare un ritorno imbarazzante...

Vivevo in quel periodo in cui sogni e realtà, impadronendosi dei pensieri, mi confondevano, non ero sicura di poter credere a qualcosa o qualcuno, potevo sperare, sognare, ma spesso avevo timore di farlo.

CAPITOLO IX
-
UNA PARENTESI INFINITA

Io e Te, una parentesi infinita, un sogno ricorrente che fino a poco tempo fa, nel buio della notte, mi ricordava il tuo abbraccio; felice e confusa, al risveglio, sapevo di condividere un segreto: "Tra noi non era e non sarebbe mai finita", neanche se travolti dal vento dei cambiamenti più radicali. Continuo a credere in un posto dove poterti raggiungere al di fuori ed al di là del concepibile, dove l'emozione brucerà tutte le barriere che mi hanno impedito di mostrarti un cuore pieno di sentimenti.

La cecità può essere un crimine, quando è colpevole di sminuire l'importanza degli affetti più veri: come ho fatto ad essere travolta dagli eventi, ignorando l'onestà e la trasparenza dell'unico uomo che mi sia mai veramente appartenuto; come ho potuto trascurarlo?

La disperata ricerca di realizzare me stessa mi ha portato ad accantonare gli affetti familiari, a volare in un cielo che mi avrebbe portato l'infelicità.

Se solo avessi saputo di avere così poco tempo a disposizione per stare con papà, lo avrei incatenato a me, fissato negli occhi fino a quando la sua immagine si fosse stampata nella memoria per sempre. Ora invece, non mi rimane che una bella foto del suo volto sorridente: ricordi che tendono a svanire, il rimpianto di non essergli stata più vicino nei momenti duri, più affettuosa e buona, ma ero una bambina, un'adolescente.
Sono passati oltre dieci anni da allora ed ancora l'emozione è rimasta immutata.
Dal passato riemerge il suo profumo, le nostre risate alle sue placide battute; dalla consapevolezza che tutto ciò ora è irrimediabilmente finito nasce una profonda malinconia.

Com'era possibile che tutto fosse già terminato, proprio ora che la mia vita di donna adulta stava cominciando?

Avevo una domanda angosciosa negli occhi lucidi: «perché Papà non sei voluto restare a conoscere la tua nipotina?».
Il tormento di questo pensiero non dava spazio tanto alla tristezza, quanto ad un profondo senso di ribellione.

Una bomba, bastava solo una frase, un ricordo, qualsiasi cosa per farmi esplodere, non avevo alcun diritto di mostrare la terribile battaglia di sentimenti che mi lacerava, d'altronde soffrivamo tutti.
Il funerale si svolse in quel medesimo paesino dove un mese prima si erano celebrate le mie nozze, e mi ero illusa di aver guadagnato l'amore sincero di mio marito.

La vita stava cambiando ed io avevo paura di affrontare nuove situazioni, non volevo che tutto ciò accadesse così in fretta; l'anello che portavo al dito mi ricordava che avevo assunto un nuovo ruolo, anche se sentivo ancora il bisogno di essere solo la figlia di quel padre che non c'era più. Dovevo farmi perdonare un matrimonio riparatore, vivevo uno stato di profondo disagio, sentivo di aver deluso le aspettative di un papà adorato, che forse mi aveva messo su di un piedistallo.

Non riuscivo a perdonarmi, anche se probabilmente papà lo aveva già fatto, lui sapeva amare in modo profondo e silenzioso.

Era un uomo saggio e di poche parole, aveva un modo particolare di rendersi maestro di vita, servendosi della sua intelligenza, della sensibilità ed umiltà che possedeva.

La sua vita è stata simile ad un timido sussurro, nato nobile e vissuto come tale, soprattutto grazie al suo animo: un uomo che non conosceva la presunzione; mi sento obbiettiva, questo era mio padre e vorrei tanto somigliargli.

È sconcertante non trovare altre parole per descriverlo, quel po' che ricordo è legato all'immagine di un uomo molto speciale, un padre nascosto tra le quinte della mia fanciullezza, un marito complice, una presenza silenziosa.

Ma se le mie lacrime esistono ancora è anche perché penso a quanto tempo sia andato sprecato dietro alla convinzione che un padre non dovesse occuparsi personalmente dei figli.

Ero una figlia unica in cerca di complicità, ovunque volgessi lo sguardo la trovavo: tra i miei genitori, i fratelli, tutti sembravano intendersela con qualcuno tranne me.

Che vantaggio avevo ad essere la *cocca* di un padre così distante ed impenetrabile: non volevo il contenuto del suo portafogli in giocattoli, né in vestiti; avrei desiderato qualcosa di più da poter ricordare.

Dopo tanti anni dalla morte di papà mi rendo conto dei suoi limiti e dei miei bisogni; devo riconoscere di aver avuto spesso bisogno di un padre più aggressivo, che somigliasse ad un felino con gli artigli affilati, piuttosto che ad un tenero e morbido gattino.

Perché papà avrebbe dovuto temermi? Per quale motivo era così in imbarazzo ogni volta che si accostava a noi figli? Il suo atteggiamento mi irritava. Allora non concepivo che un adulto avesse paura.

I rapporti tra noi familiari sembravano divisi in fronti: da una parte i tre irraggiungibili fratelloni, molto più grandi ed indipendenti, dall'altra esisteva un oceano di coccole tra mia madre e Federico; io ero la disperazione di tutti.

Detestavo le smancerie, specialmente i baci succosi, quelli che ti lasciavano un po' di saliva sulla guancia, e tanto meno sopportavo quelli che te la timbravano di rossetto.

Onde evitare i miei: «Bleah!» oppure «Che schifo!» e sentirsi in imbarazzo di fronte agli altri, mamma preferiva spedirmi in camera di papà.

Quasi sempre lo trovavo comodamente seduto sul divano a fumare con le gambe incrociate, immobile: possibile che se ne stesse lì a guardarmi da dietro i suoi occhiali senza dire niente?

Quell'atteggiamento non mi garbava: «E dì qualcosa, fa' qualcosa...».

Egli, fermo, con lo sguardo fisso nei miei occhi fino a quando, mossa da un profondo senso di ribellione, non uscivo di scena sbattendo la porta.

Non ero in grado di capire quello che provava: era indifferenza? Si sentiva forse smarrito?

Così uscivo di scena in modo eclatante, sbattendo la porta con sempre più forza: speravo, inutilmente, in una sua qualsiasi reazione.

Fui sgridata ripetutamente; mia madre non faceva che ripetere quanto questo mio atteggiamento ferisse papà.

Non capivo: allora perché se ne stava sempre lì seduto senza parlarmi?

Strano come a volte basti poco per mutare alcune situazioni.

Un giorno accadde qualcosa di prodigioso: mi resi conto di quanto male stessi facendo, fu come se fossi riuscita a carpire da mio padre tutte quelle sofferenze che gli avevo provocato; diventai vittima della mia stessa cattiveria, fu orribile.

Avevo otto anni e come al solito fui mandata da lui.

Mi comportai male anche questa volta, solo che, finita la scena madre, e tornata in camera, mi sono sentita crudele come se avessi inflitto l'ultima sferzata ad un animale già in coma.

Decisi che era meglio ritirarmi in camera: cominciai a piangere.

Avrei preferito rimanere nella mia stanza fino all'indomani, ma non potevo evitare il solito pranzo a base di proteine e ramanzine che in questi casi dovevo sopportare.

Il mio senso di colpa fu tale che cambiai totalmente atteggiamento, e lui trovò il coraggio di accostarsi a me.

Fu la sua bontà o la sua disponibilità a disarmarmi? Non lo so! Ma sicuramente accadde qualcosa di prodigioso, che ci permise di coltivare un rapporto molto speciale.

Divenne abitudine di papà trascinarmi in lunghe passeggiate tra il verde dei boschi ed i rumori degli animali selvatici, spaventati ed incuriositi da due *loden* verdi che sembravano camminare da soli.

Parlavamo per ore, mentre i nostri passi si susseguivano lentamente e confondevamo lo sguardo, quasi infastidito, nell'aria pura e fresca d'autunno.

Ritornati a casa apparivamo goffi ed intirizziti, ma eravamo sereni e rilassati.

Spesso mi sento incapace di descrivere fedelmente papà: è triste non riuscire a trovare più la mia immagine riflessa nel suo cuore, il modo di cercarmi con la sua mano forte, quando la sera davanti al televisore era nostra abitudine dividere un piccolo spazio su di un gran divano.

Ho ancora bisogno di quella calma che solo lui riusciva a trasmettermi, vorrei fosse ancora qui a dirmi di non peccare di *ingambismo inutile*
Ciò che rimane non sono solo i ricordi, ma anche quei sentimenti che mi portano ad indagare, nello specchio, ed a ritrovare uno spicchio di Alessandro in me, uno spicchio che mi apparterrà per sempre.
Sono passati tanti anni dall'ultima volta che lo vidi, ed ora conosco ogni mia espressione che gli appartiene, ogni gesto, intercalare, ed il modo di sorridere a denti serrati facendo scintille con lo sguardo.
Ogni volta che penserò a lui non potrò fare altro che accendere un sorriso pieno di nostalgia e gratitudine, per le volte che mi ha preso la mano e portato alla scoperta di un mondo fantastico; la scoperta più grande in assoluto però è stata la consapevolezza dell'esistenza di una sorta di magia grazie alla quale non ci siamo mai persi e non ci perderemo mai.
Non posso fare a meno di questa illusione, se di illusione si tratta: è uno dei pochi modi concessimi per sentirmi ancora parte di lui, nonostante tutto, ancora sua figlia, perché è questo che vorrò essere per sempre.

CAPITOLO X
-
INDIFESO

È sempre stata e sempre sarà, dilaniante la lotta tra bene e male...
Arduo soppesare la quantità di raziocinio e follia necessarie per trovare un equilibrio di vita.
Era bello, alto, atletico e simpatico: pareva non gli mancasse niente nel fastoso palazzo dove era nato, ma lui decise di vivere nel castello dell'assurdo e divenire il principe delle utopie.

Non potrò mai dimenticare.
Di aver avuto un fratello.
Di averlo amato.
Di averlo perso.
Come posso raccontare in poche righe ciò che non mi basterà una vita a comprendere.

La storia cominciò allora, quando tutti noi eravamo così giovani e di bell'aspetto, che sembravamo la famiglia *perfetta*, anche se in realtà di perfetto non c'era niente.

Non so come, non so bene quando, ed ignoro il perché, Filippo scappò di casa: quale miraggio stava inseguendo?

A soli sedici anni egli se ne andò spinto dalla falsità di un mondo che prometteva tutto ciò che si poteva desiderare, senza doverlo pagare.

Chiuse la porta dietro di sé incurante della sofferenza che avrebbe procurato una scelta di vita così drastica.

Si sentiva pronto alla grande avventura, ma non era che un ragazzino invaghito di qualcosa che non avrebbe mai saputo gestire: la *libertà*.

Cadde inesorabilmente tra le braccia di chi, illudendolo, cancellò ogni sua volontà, rendendolo schiavo di insane dipendenze.

Trovò un paradiso artificiale e percorse la strada del non ritorno, la via verso un sole che brucia ogni razionalità; ben presto si costruì un mondo diverso, come diverso era diventato lui, insieme ad una compagna più vecchia, che lo aveva incantato con un caleidoscopio di false illusioni.

La sua donna aveva abbandonato marito e figli in tenera età, per inseguire il folle sogno di diventare la consorte di un ragazzo della nobiltà romana.

Non c'è niente di romantico in questa storia: solo una certa porzione di follia e snobismo.

La strana coppia scelse una vita di inutili stenti, senza però rinunciare mai alla superbia.

Si proclamarono semidei, figli del sole, di madre natura e chissà cos'altro; la loro curiosa interpretazione della religione cristiana serviva a mascherare uno stile di vita quantomeno anomalo.

La follia li aveva portati a credere in un mondo in cui i buoni erano nobili e di bell'aspetto: una schiera di eletti destinati a vivere in eterno; chi malauguratamente non possedeva queste doti, era messo all'indice come impuro.

Crebbi testimone del lento suicidio di questo *profeta del nulla*, sperando in un miracolo che non avvenne mai.

Perché qualcuno dovrebbe voler morire? Perché esiste chi non è capace di vivere?

Quanta dose di autolesionismo fa parte di ognuno di noi?

Tante domande senza risposta accompagnarono la mia adolescenza.

Presto, mi resi conto che, mentre tutti noi crescevamo, lui diventava solo molto alto.

Questo gigante girovagava per Roma in compagnia di una minuscola compagna ed un cane.

Era diventato *il principe barbone*: qualcuno che la cronaca inseguiva solo per trovare notizie da dare in pasto ad un pubblico crudele ed indagatore.

Quale condanna è stata volergli bene!

Constatare lo squallore in cui aveva scelto di vivere; diventò responsabile del crollo di molte nostre illusioni.

Nascondeva il volto tra barba e cappelli lunghi, ed allo stesso modo si nascondeva dal mondo, lo stesso mondo che non era stato in grado di accettare: lo stesso mondo che era così facile criticare. Era diventato come uno di quei barboni di pezza, con in mano la bottiglia, e negli occhi un passato da dimenticare. Quel passato eravamo noi? Oppure era sé stesso?

Dopo aver litigato con la sua compagna, Filippo ritornava quasi sempre a casa con le lacrime agli occhi, pentito ci pregava di rimanere; mia madre lo accoglieva a braccia aperte, sperando di aver ritrovato un figlio.

Lo portava subito dal medico, provava a disintossicarlo, lo ripuliva e comprava tutto ciò che gli occorreva: lo trattava come se fosse ancora un bambino.

Per un breve periodo sembrava che l'incubo fosse finito.

Mamma era ammirevole, sempre così presente, efficiente, mentre dentro di sé ospitava le pene dell'inferno.

Mio padre non aveva l'abitudine di confidarsi, però l'espressione del volto tradiva le sue più intime emozioni: era evidente che soffriva immensamente per tutta questa storia.

Il sogno di una famiglia finalmente riunita finiva quando la strega si faceva risentire e, con le sue solite arti magiche, si riprendeva Filippo.

Detestavo quello che mio fratello era diventato: detestavo i suoi vaneggiamenti, detestavo quel terribile odore di alcool che aveva sempre addosso, fuggivo da tutto ciò che mi ricordava la sua misera esistenza. Ricordo che all'inizio di questa penosa storia scappavo in lacrime ogni volta che vedevo mio fratello.

Col passar del tempo imparai ad affrontare l'immensa pena che sentivo dentro: imparai a soffocare le lacrime, imparai ad arrabbiarmi, a volte lo insultai.
Scoprii di essere più forte di quanto immaginassi, ma anche di essere impotente.
Mamma e papà avevano comprato a Filippo un appartamentino, i mobili e tutto il corredo di casa; lui si vendette fino all'ultimo fiammifero per tornare a dormire, abbracciato ad una bottiglia, ormai vuota, all'ombra di un palazzo.
In quell'atmosfera così poco sobria, *Bonnie e Clyde*, dettero alla luce tre bambini: Cristallo era un bebè robusto, dietro la sua forza nascondeva una gran sensibilità; Andrea era magrolino e biondo, tipo piccolo lord. Ginevra, piccina piccina, portava dei lunghissimi capelli biondi che le coprivano il viso da furbetta.
I due sventurati vendevano tutti i vestitini dei figli, costringendoli a rimanere quasi del tutto nudi in pieno inverno.
Fino ad allora i miei genitori non avevano potuto far altro che spendere e spendere per comprare vestiti, sperando che i piccoli potessero indossarli almeno per qualche giorno.

Come è possibile, per dei genitori, assistere a tutto ciò senza sentirsi in parte responsabili?
I miei cercavano di capire in cosa avessero mancato, ma lo spettro della colpa sconosciuta si presentava quasi esclusivamente ogni notte.
Ricordo che in famiglia si parlava moto di come aiutare questi nipotini; il periodo delle loro privazioni doveva assolutamente finire.
Poi entrò in gioco il tribunale dei minori.
L'idea che venissero affidati ad estranei, la possibilità di non vederli più, non piaceva a nessuno in famiglia: il problema era quello di trovare il modo di non dividerli.
All'inizio ci sembrò impossibile, tanto che Cristallo e Ginevra vennero affidati ai miei genitori, mentre Andrea andò ad abitare con la nonna materna.
Solo dopo ci rendemmo conto che mancava un altro pezzo

importante al nostro puzzle: dopo averne parlato a lungo ci organizzammo in modo da accogliere anche il piccolo *pannocchietto* tra noi.

La famiglia si ingrandì, e fu bello avere ancora dei cuccioli in casa.

Questi bambini erano molto più che semplici nipoti: erano i figli di un fratello che ci mancava, erano forse l'unica possibilità di sentirci vicino al loro papà.

Filippo ci aveva negato la sua presenza in famiglia, ma ora sembrava renderci una parte incontaminata di sé stesso.

Tutti noi percepivamo la lotta interiore dello sventurato, l'amore che provava per la sua famiglia di origine era in contrasto con le sue dipendenze: si sentiva infelice con noi ed anche senza di noi.

Miseria e nobiltà si intrecciavano negli eventi quotidiani, nelle palpitanti emozioni, nei nostri respiri affannosi in cerca di quell'ossigeno negatoci da speranze deluse; eppure quanta disponibilità e quanto amore ci ha legati su di un fronte minaccioso ed oscuro.

La morte di papà fece piombare Filippo in una maggior depressione; si sentiva in colpa per avergli avvelenato la vita, soprattutto dopo aver letto un testamento di amore e perdono; lui non poteva continuare a vivere con il rimorso di aver deluso e disonorato una persona tanto nobile da dimenticare tutto il male ricevuto, e ricordarsi solo di essere padre.

Un giorno Filippo si presentò a casa, aveva appena rinunciato all'eredità in favore dei suoi figli, soffriva tanto perché non riusciva a staccarsi da quella parte di sé che stava distruggendo tutto ciò che di bello aveva avuto dalla vita.

Tentò di buttarsi dalla finestra ma fu trattenuto da mamma e Chicco, il cameriere.

Continuava a ripetere ossessivamente: «Io non cambierò mai! Non vi illudete».

Mia madre, vedendolo in quello stato, ebbe un brutto presagio e lo pregò di rimanere, ma senza successo.

Lui salì in moto e se ne andò. Il giorno dopo scoprimmo che era morto in un incidente stradale. Aveva solo trentatré anni.

Mi manca adesso, come mi è sempre mancato: indispensabile fratello, straniero che ben poco sapeva di me, della mia eterna attesa e dei miei desideri, delle mie speranze, di tutto ciò che riguardava me ed un gigante; cosa ne ha mai sputo, cosa gli è mai importato!

Talmente oscuro era il suo paraocchi, quanto immenso il dolore nell'animo di chi sapeva che sarebbe stato tutto inutile.

Perché abbiamo dovuto perdere un fratello, un figlio, qual è stato il motivo che lo ha reso così imperscrutabile ai nostri occhi limitati? Quale strano destino ci ha fatto trovare su due sponde opposte del torrente? Perché deve essere stato lui a farci crescere, lui così radicalmente attaccato ad un mondo infantile, lui che confondeva le favole con la realtà?

Quante vite perse tra le piaghe dei ricordi, quanti ragazzi in cerca dell'eternità si sono spenti prematuramente.

Mi sembra di vedere ancora i suoi occhi sorridenti di bambino, le sue dita snodate suonare la chitarra, il soffio delle stesse sulla tastiera di un pianoforte, e per un breve istante di magia, pare che solo la sua voce si sia persa nell'aria.

CAPITOLO XI
-
VISSERO INFELICI E SCONTENTI

Alla fine di una bella favola troviamo scritto: "Vissero felici e contenti", sì mi sarebbe piaciuto lo stesso finale per questa mia storia sentimentale; come in alcuni libri della letteratura infantile c'è un bellissimo principe azzurro, ma in questo caso era innamorato della sua immagine riflessa nello specchio della vita sociale. Non aveva cavallo ed armatura, era però dotato di una splendida dentatura da equino di razza e ciò bastò ad affascinare la protagonista che lo vide corredato di destriero e scintillante corazza. Mi sorge un dubbio... non potrebbe essere invece questa la famosa favola del rospo che grazie ad un bacio diventò principe? Che io sia lei non vi è alcun dubbio, ma lui è lui o è la trasformazione non riuscita dell'incantesimo?

Romantica tendenza delle ragazze d'ogni epoca è quella di sperare in un amore speciale, forte al punto di rompere la barriera spazio-temporale e divenire eterno.

Io no! Mi sarebbe bastato un rapporto onesto e sincero. Ero giovane ed ingenua quanto bastava a poter essere tratta in inganno dalle apparenze.

Allora dividevo il tempo tra studi ed amici, non sapevo ancora quale strada scegliere "professione o famiglia?", in realtà la prima era piuttosto ardua, e comunque per la seconda mancava l'altro elemento essenziale, l'equino di razza... pardon il partner. Incontrai R alla festa della mia migliore amica, notai la sua splendida criniera scura ed il sorriso. I suoi occhi nascondevano il mistero, questo mi spaventava ed attraeva allo stesso tempo; appariva distante, fuori dal mondo, diverso da tutto e tutti, impacciato ed educato, mi sembrava fin troppo adulto per avere solo tre anni più di me. Questo suo modo di apparire mi rassicurava.

Tra gli invitati c'era anche un altro ragazzo, magrolino e fascinoso, un tipo che non aveva bisogno di scomporsi per conquistare le ragazze; lo conoscevo da tempo ed avevo una bella cotta per lui. Tra le sue numerose conquiste io ero l'unica che non lo corteggiasse, mi sembrava troppo "fico" e questo alimentava la mia insicurezza.

Due chiacchiere con l'uno due con l'altro, e quattro salti, mi fecero trascorrere la serata in allegria.

Il Sabato successivo uscii con Alessandra, R ed un suo cugino. Non ne avevo alcuna voglia, ma ero curiosa di sapere se in privato, il ragazzo misterioso, fosse così impettito come si era mostrato alla festa. Non so a cosa attribuire il suo cambiamento, forse alla luna, alle stelle…, fatto sta che quella sera sembrò aver ereditato il fascino di un principe delle tenebre; il suo modo di corteggiarmi, un po' antiquato, faceva parte del suo personaggio e servì ad incantarmi.

Iniziammo una breve storia. Con lui mi annoiavo tantissimo detestavo quando: si riempiva la bocca di titoli e papi della mia famiglia e quando sfoggiava la sua cultura in campo artistico, facendomi sentire una grandissima ignorante.

Non riuscii a sopportare questa situazione ancora per molto, fu così che il baldo giovane in questione, raccolse i cocci del suo cuore infranto e svanì nell'oscurità.

Allora l'unico mio desiderio era quello di fermare il tempo, vivere il più intensamente possibile la mia giovinezza, godere spensieratamente degli amici e corteggiatori.

Avevo un mondo da scoprire, un universo di meraviglie a portata di mano, avrei potuto viaggiare, divertirmi. Mi ero guadagnata uno spazio di vita priva di paure e responsabilità troppo pesanti. Il mio stato di salute non sembrava più un problema.

Quattro anni dopo ad un ballo......

Ricordo che indossavo una specie di "scafandrone" e mi sentivo goffa come un ippopotamo fuori dall'acqua; lo avevo messo col solo scopo di sentirmi comoda, volevo ballare, ballare e ballare fino ad ubriacarmi di musica.

Quella sera sembrava esserci un'epidemia...quasi tutte le ragazze cercavano di mostrare qualcosa..., chi le spalle, chi un décolleté prosperoso e chi un paio di gambe da fenicottero.

In mezzo a tutte quelle nudità, mi sentivo come una suora dallo spregiudicato senso del ritmo, una Sister Act lavata con la varechina. Mi ero buttata nella mischia e ballavo sotto un'incessante doccia di luci stroboscopiche; In quel contesto mi apparvero frammenti di un volto conosciuto, R era lì che si dimenava nel tentativo di diventare un tutt'uno con il ritmo. In quel baccano riuscimmo a scambiarci qualche parola. Lui mi sembrò il solito Narciso in cerca di complimenti, non sopportavo la sua vanità ma mi piaceva molto come ballava, ed il suo penoso approccio passò in secondo piano. Quella sera lo osservai attentamente, sembrava cambiato, meno provinciale, più sicuro di se...forse non lo avevo mai capito, forse lo avevo giudicato male...

Dopo quella volta ripresi a frequentare R e così feci l'errore di sottovalutare la mia esperienza precedente, la voglia di crescere ed il bisogno di amore mi fecero intraprendere un arduo cammino.

UNA STORIA SBAGLIATA

A questo punito vorrei poter raccontare una vera storia d'amore, ma col senno di poi... sono convinta che il mio sentimento, la dedizione e la mia lealtà non siano mai state ricambiate.

Dopo tre anni di un rapporto non troppo idilliaco, accadde qualcosa....

Il seme della vita si posò su di un terreno che era stato giudicato poco fertile, insomma chi l'avrebbe mai creduto, il mio passato di diabetica mal regolata non aveva influito sulla possibilità di avere figli! Fui messa così di fronte alla necessità di dover prendere una decisione drastica, volevo fortemente una sola cosa: il mio bambino doveva nascere sano a tutti i costi.

La consapevolezza della mia prossima maternità fu una gioia ed un trauma, come avrei affrontato il mondo adesso? Con che coraggio avrei mostrato ancora la mia faccia, e la pancia, a gli altri? Non avevo avuto ancora il tempo per pensare al matrimonio ed avrei dovuto far conoscere al mondo un marito che non avevo scelto, e forse non avrei sposato in altre circostanze. Un matrimonio avrebbe risolto il problema di fronte alla società, niente scandalo ed il buon nome della famiglia non ne avrebbe fatto le spese.

Il mio mondo, nel mondo, è legato ad un'immagine fiabesca ed a tradizioni millenarie, spesso incapaci di far spazio a mentalità più nuove e moderne.

Ma tornando al racconto...

Ricordo ancora quando misi mia madre al corrente dell'accaduto.

Eravamo in ospedale, papà era appena stato operato di tumore, temevo di perderlo per sempre. Mamma appariva molto provata ed io mi sentivo in colpa.

Speravo tanto di non scatenare un cataclisma, ero pronta a tutto, anche se avrei preferito fare affidamento sulla presenza di spirito di mia madre. Mi avvicinai a lei senza proferir parola; il passo lento ed incerto del mio incedere deve averla messa in guardia perché, dopo averle confessato il mio stato, la sua espressione non cambiò di molto, sospirò profondamente e mi chiese quali fossero le mie intenzioni. Sapevo che per tranquillizzarla avrei dovuto dirle che mi sposavo e così feci. Non so se la sua fu una reazione dettata dalla stanchezza o dall'abitudine di soffocare le emozioni, fatto sta che mi sentii sollevata e sorpresa di non esser sgridata. Poi fui d'accordo con lei che non era ancora il caso di dirlo a papà.

I miei veri guai cominciarono allora quando decisi di pianificare la situazione con R, quando lo misi al corrente dell'accaduto, quando lui decise di essere padre e marito...

Era impossibile leggere nel suo cuore, non potevo neanche osservare la sua espressione dato che decidemmo il tutto telefonicamente; in quel periodo lui era in Inghilterra per imparare la lingua.

La fretta che caratterizzò i preparativi del matrimonio fu la più evidente dimostrazione che questo sarebbe stato un evento riparatore, tutto ciò per evitare che le malelingue ricamassero sulla sposa soprappeso.

Fu in una splendida giornata di aprile che convolammo a nozze, il mio bellissimo abito a maniche corte non nascondeva l'evidente pelle d'oca sulle braccia, dovuta forse più all'emozione che al freddo. Mentre percorrevo con passo dignitoso e distaccato la navata centrale di quella che non era una cattedrale, anche se gli organizzatori avevano messo tutto il loro impegno perché vi somigliasse, ero pervasa da una sensazione di gelo.

La tradizione vuole che ogni ragazza si vesta con un bellissimo abito bianco ed un velo per il suo matrimonio, abbia un mazzolino di fiori nella mano e sia stupenda; viene chiamato il giorno più bello della vita perché amore e bellezza, oltre a fasto ed eleganza, sembrano associarsi per creare almeno un giorno da favola... Per chi, come me, fa parte di un determinato tipo di società il matrimonio è assai più pomposo: un sostanzioso gruppo di amici, tra i più cari, interpretano il ruolo di garçon d'honneur, si vestono in frac, come i testimoni, ed aiutano gli invitati a trovare un posto a sedere in Chiesa. Al pubblico femminile sono vietati gli abiti bianchi, quelli rossi e non devono essere provocanti; anche alla sposa sono proibite vertiginose scollature, è consentito solo a lei vestire in bianco, simbolo di purezza...

Ricordo che durante la cerimonia mi tremavano le gambe. R confondeva lo sguardo tra i fumi d'incenso ed il suo profilo sembrava di plastica; era immobile non batteva ciglio, non saprò mai cosa provasse in quel momento. Da quel giorno in poi la mia vita sarebbe cambiata e speravo tanto che questa favola finisse nel solito modo... con un gioioso "Vissero felici e contenti", ma ...

LA REALTÀ È DI GRAN LUNGA PIU' DELUDENTE...

A distanza di tutto questo tempo mi chiedo a cosa sia servito quel trambusto, quella pomposità, quel fasto, non è questo che fa funzionare un matrimonio senza calore, a cosa sia servito farsi invidiare? Non era il mio matrimonio, ma solo una valanga che mi travolgeva, avrei preferito una cerimonia semplice e sentita, condivisa con lo stesso amore.

Un mese dopo moriva papà ed io mi sentivo persa. In cambio avevo guadagnato uno strano tipo di marito incapace di starmi accanto anche nei frangenti più dolorosi. Non è normale che io abbia dovuto supplicarlo di venire al funerale di papà, tutto solo per una camicia che, secondo lui, era mal stirata.

La vita di tutti i giorni mi aveva trasformato nella principessa Raperonzola, vivevo la fiaba di Cenerentola al contrario, prigioniera dei miei doveri e soffocata da una nuova situazione. Le cose cominciarono, da subito, a precipitare, mi sentivo parte di niente, intrusa in casa di mio marito ed estranea alla vita dei miei, come una di quelle palline gommose che rimbalzando da un posto all'altro non trovano mai pace. Solo con la nascita di Viviana avrei compreso che il mio posto sarebbe sempre stato accanto a lei. Il padre mi aveva chiuso le porte del suo cuore, era sempre assente, oppure irascibile, si comportava come se non sopportasse la mia presenza. Quasi del tutto digiuna di come si mandasse avanti una casa, imparai a cucinare, pulire lavare e stirare; non avevo aiuti né soldi a sufficienza, tranne la rendita concessami prima di dividere l'eredità di papà. Il mio orgoglio era refrattario ad ogni richiesta di aiuto supplementare da parte dei miei, anche se a volte mi è stato necessario soccombere a tale bisogno. Può sembrare assurdo che una persona del mio livello sociale possa non avere soldi: le enormi spese di manutenzione, i condomini, i soldi spesi per pagare professionisti di ogni genere, le ingenti tasse di successione, e tanta, tanta gente che crede di poter attingere dalle nostre risorse, convinti che siano senza fondo, tutto ciò non è evidente… ma reale. Siamo stati educati a preservare, per vendere dobbiamo essere costretti dalla fame, quel poco di patrimonio che è arrivato fino a noi deve passare ai nostri figli, poi ai nipoti. La mia è una famiglia numerosa, come lo è stata quella di mio nonno…e di chi prima di lui ne ha fatto parte. Era gente di indubbio valore che prese parte attiva alla storia, signori da generazioni… costretti a rinverdire i loro patrimoni attraverso alleanze, o matrimoni, economicamente convenienti. Oggi tutto questo non esiste più, ed ecco che di una torta a più strati non è rimasta che una sottile fettina.

Mio marito non mi dava neanche un centesimo per contribuire alle spese di casa, ero io a mantenere figli e padre, lui non apriva il suo portafogli neanche per mostrarmi le ragnatele che conservava così gelosamente…

R non contribuiva economicamente, né affettivamente, ma per fortuna la gente comune è sempre stata buona con me; i negozianti, che mi facevano credito, non conoscevano il mio cognome, per loro ero solo quella Giulia che ad inizio mese veniva a pagare i suoi debiti.

ERANO ANNI DURI

Viviana ereditava i vestiti dalla cugina maggiore, mentre a me entravano ancora quelli di quando avevo circa sedici anni.

Ho provato a domandare qualche aiuto a R senza ottenerlo, diceva che stava investendo i soldi guadagnati per il futuro dei nostri figli, era un alibi, non faceva che trafficare in anticaglie.

La nostra casa pareva un negozio di antiquariato, pieno di belle cose che però sparivano quando meno me lo aspettavo; era questa mania di commerciare in anticaglie che non ci permetteva di avere un arredamento stabile. Le nostre camere alternavano periodi in cui erano completamente vuote ad altri nei quali erano stracolme di mobili.

Vivevamo quasi come zingari, prima di trovare una casa decente fui costretta a traslocare ben cinque volte col pancione, il trasportatore, scherzando ma non troppo, diceva che un altro spostamento ancora e la bambina sarebbe nata nel suo camion.

Non sono bastati otto anni e due meravigliose figlie per migliorare il nostro rapporto; mi impadronii del ruolo di madre, accettai quello di moglie abbandonata. Non desideravo altro che occuparmi delle bambine cercando di ignorare l'atteggiamento menefreghista di uno scomodo marito. La mia era una vita ricca di doveri e preoccupazioni, chi mi aveva conosciuto prima mi notava completamente cambiata. È difficile dimenticare che R tentò anche di mettermi contro la mia famiglia per questioni ereditarie. Mostrò tutta la sua ingordigia quando si trattò di dividere il patrimonio di papà, pretendendo che io divenissi padrona di ricchezze inesistenti. Fu quello il periodo più brutto della mia vita, fu quando mi accorsi del suo materialismo e della enorme difficoltà che aveva ad amare.

A quel tempo mi sentivo un mezzo, solo un mezzo per raggiungere quella posizione sociale e il patrimonio che lui tanto desiderava; vivevo solo ed unicamente per amore delle mie figlie.

Il suo egoismo passava sopra a tutto, non aveva pietà neanche quando si accorgeva che andavo a letto solo per trovare un morbido cuscino sul quale piangere. Mi sentivo perennemente umiliata, ferita, sopportata. Ero diventata un automa devo far questo, pagar quell'altro... negli ultimi due anni tra noi mancò totalmente l'intimità; lui veniva a casa solo per mangiare, sempre con amici, e dormire, non prima delle due di notte. Quando R diceva di dover riaccompagnare a casa gli ospiti ero sicura che il traffico... lo avrebbe tenuto fuori di casa fino alle prime luci dell'alba...

COLPO DI SCENA!!!

Avevo solo trentatré tre anni quando mi sorpresi a pensare:" La mia vita è finita qui, non cambierà mai niente". Venivo sempre rifiutata da R, ma continuavo ad essere ancora corteggiata, dagli altri naturalmente, perché non piacevo a mio marito?

Questa non è una favola tradizionale, vi sono troppi toni aspri in tale storia che cerco di dimenticare, ed ancora non riesco a capacitarmi...come ho potuto essere così cieca...?

Solo oggi sono in grado di capire quanto una vita difficile abbia condizionato la mia scelta di un partner, di come questa mi abbia convinto che la piena felicità non esistesse, obbligandomi ad aver troppa fiducia nei compromessi. Ero dilaniata da una lotta interiore tra educazione morale ed i bisogni di una giovane donna adulta.

Il tempo passava, ed il ruolo di madre diventava fondamentale per me, l'unica salvezza era occuparmi delle figlie. Non facevo altro che parlare di Viviana e Lavinia. Mamma pensava che io fossi rimbecillita, forse lo ero, ma questo mi sembrava l'unico modo per raccontare di me, di quello che era diventata la mia vita.

Si dice che il diavolo non sia tanto brutto quanto lo si dipinge, ma tutto ciò che deriva da lui è capace di distruggere...

Ho provato in ogni modo a far funzionare questo matrimonio, tanto che il mio fisico ne faceva le spese; cominciai ad avere piccoli problemi al cuore e la pressione alta, credo proprio che sarei rapidamente peggiorata se non fosse accaduto qualcosa di inaspettato. Il nostro rapporto era ormai glaciale....

Lui si comportava sempre più stranamente, tanto che mi venne il dubbio di dovergli perdonare qualcosa.... Fu quando mi propose di trasferirci, con armi e bagagli in una lontana provincia del sud Italia, che mi presi la briga di verificare alcune voci a cui prima non avevo dato importanza. Scoprii un oceano di menzogne che avrebbero dovuto affogare una cruda realtà; R mi tradiva...con donne e uomini...! Non sono, non sono mai stata, capace di giudicare una persona dalle sue tendenze sessuali, ma ho sempre aborrito la menzogna, l'inganno.... Mi sentii morire, improvvisamente non credevo più all'amore; come mi ero meritata questa punizione? io che per non tradirlo vivevo, ormai da anni, in completa castità. Nauseata da questa notizia lo cacciai da casa e cambiai subito la serratura alla porta, non avrei mai più voluto vederlo. Il suo "penoso" alibi era che bisognava accettare l'amore da chiunque provenisse, mi sembrò evidente che lo confondesse con il sesso.

Avevo vissuto tutti quegli anni con un fantasma. La mia voglia di conoscerlo era stata soffocata dalla sua assenza; lui non aveva, e non voleva avere, tempo per me, evidentemente non mi riteneva abbastanza interessante.

Ho sbagliato la scelta più importante della mia vita, ho sbagliato forse per ingenuità, forse perché infondo non conoscevo bene gli uomini, e forse per paura di affrontarne uno vero; ho scelto lui per amore, per simpatia, o forse perché non lo credevo capace di umiliarmi tanto, di essere così ambiguo e bugiardo.

Quello che mi sconcerta ancora e di non essere mai stata avvisata di queste sue abitudini, il silenzio mi ha ferito perché indice d'indifferenza, ed ho raccolto tanta e tanta indifferenza intorno a me; tanta gente che sapeva ha taciuto...

Il crimine si stava compiendo in silenzio, io e le bambine eravamo le uniche a rischiare, i sentimenti, le malattie, le uniche a dover sopportare una vita grama...

Mia madre mi ha detto di aver saputo della bisessualità di R un anno dopo il matrimonio, ma di avermelo taciuto per paura che io non le credessi.

Solo mio fratello Carlo aveva avuto il coraggio di svelare apertamente la sua poca sima del personaggio in questione, anche se non era al corrente della sua doppia vita.

I miei fratelli ed io siamo diventati adulti autonomi, proprio come avrebbe voluto mamma; siamo talmente autosufficienti che spesso ci dimentichiamo di chieder consiglio...io allora non lo avevo chiesto, forse perché non sapevo di poterlo fare, oppure perché non mi era mai passato per la mente.

La prima volta che entrai in chiesa, dopo questa grande delusione, sentii il prete parlare di perdono... Io non volevo, non potevo perdonare, e scappai da quel luogo Sacro. Ero sconvolta e non riuscivo a smettere di piangere. Col tempo riacquistai forza. Continuai a frequentare la Chiesa, assistere alla messa; allora cercavo conforto, una sorta d'illuminazione, o forse solo l'approvazione dell'Onnipotente.

Oggi non mi importa quanto io abbia sofferto, o quanto sbagliato, spero solo di esser stata perdonata e di aver imparato qualcosa dai miei errori.

CAPITOLO XII

-

DIETRO LA PORTA ...

La triste consapevolezza di una "farsa" matrimoniale, mi spezzò il cuore, liberandomi da uno stato quasi catatonico e risvegliando la mia indole battagliera.

Varcai la soglia di una nuova vita consapevole che non sarebbe stato facile chiudere la porta dietro di me, troppe persone e troppi luoghi mi avrebbero ricordato quel passato che cercavo di dimenticare. Dietro al fascino di una libertà promessa si nascondevano parecchie insidie; non fu un periodo facile, anche se l'ostinazione a vincere queste sfide mi faceva sentire "viva".

Dichiarai guerra alla sofferenza ed alle difficoltà di tutti i giorni; ho sperato in un accordo civile con R, risultato impossibile data la sua tendenza ad infrangere le regole.

Avevo creduto che il mio ex fosse debole, ma non troppo cattivo, non brillante ma nemmeno stupido; poi scoprii che era un uomo confuso ed incapace di dare il giusto valore alle persone ed alla vita, vittima della sua stessa superficialità.

Una volta mandato in pensione il cosiddetto principe azzurro, non mi rimaneva che il problema di dare una spiegazione alle figlie. Temendo forse che io lo dipingessi come un poco di buono, R mi vietò di parlare loro della nostra separazione a meno che non fosse presente anche lui. Grazie ad un padre che in verità non aveva alcuna voglia di spiegare niente a nessuno, passarono tanti giorni e le bambine sembravano sempre più nervose. Stanca di implorare qualcuno che, senza calzamaglia, non sapeva più dove nascondere la sua vigliaccheria, decisi di affrontare il discorso.

Non è facile parlare di cose da adulto a bambini così piccoli ed innocenti, non è giusto che subiscano: i nostri errori, che non si sappiano difendere, che soffrano per i capricci di adulti incapaci di rispettare i loro sentimenti.

Mentre le parole si scioglievano nell'aria, qualche lacrima ci moriva sulle guance.

Avrei voluto formare una famiglia e tenerla unita, desiderato per le mie figlie un'infanzia felice, piena d'amore, dar loro un padre sempre presente; ho fallito!

Continuai a parlare mentre gli occhi lucidi delle bambine mi facevano capire quanto fosse importante avere qualcuno da chiamare "papà", anche se questo "qualcuno" non era perfetto.

Continuammo la nostra vita

Ognuno di noi si ribellava a modo suo: Viviana aveva cominciato ad impartire lezioni a tutti con la presunzione di chi è sicura di sapere; io mi sentivo soffocare dalle responsabilità e Lavinia, quando il padre veniva a prenderla, si nascondeva dietro al divano. Lallini aveva solo tre anni ma già sapeva... era già in grado di percepire la delusione di un papà che avrebbe tanto voluto un maschietto..., al posto suo.

Ben presto non fu più possibile giocare a nascondino in casa, perché lo sfrattato si riprese i mobili, lasciandoci solo tre brandine.

Avevo subito le angherie di uno scomodo marito per parecchi anni, nonostante ciò pareva proprio che non fossi io la più frustrata.

Un giorno squillò il telefono andai a rispondere, ero stravolta dalle faccende domestiche avevo le mani che odoravano di varechina, i capelli arruffati ed indossavo alcuni cenci scoloriti. Esausta alzai la cornetta e la sua voce agitata mi aggredì, rinfacciandomi di usare i suoi mobili. Mi arrabbiai. Queste telefonate continuarono a piovermi addosso con una doccia d'insulti ed improperi; presi l'abitudine di sdraiarmi sul "suo divano" per rispondere, e mentre lui continuava a ripetere sempre lo stesso ritornello, io cercavo di apparire non curante. Il telefono continuò a squillare fino a quando la mia immagine di freddezza non crollò e lo pregai di riprendersi subito i suoi maledetti mobili. Dopo un mese non aveva ancora ritirato niente! Gli inviai un ultimatum lasciandogli tre giorni per riprendersi le sue cose, oltre quel termine le avrei buttate nella discarica. Si affrettò.

L'epoca dell'arredamento "volante" era finita; finalmente potevo sdraiarmi per terra a contemplare il soffitto, e godermi quel senso di libertà che mi davano gli enormi spazzi vuoti intorno a me. Quella era casa mia, una casa libera da ogni mobile, od ammennicolo, che mi ricordasse la devastante esperienza passata con R.

L'ERA DELLA PLASTICA.

L'unico modo possibile che avevo per rendere la mia casa abitabile era quello di ricorrere a mobili da giardino, sedie, tavoli in plastica e cuscini. Questo modo di vivere, campeggiando, era divertente ma non pratico.

Mia madre, vedendomi fraternizzare con la plastica, deve aver pensato che fossi ancora infelice, dopotutto quel materiale era così poco adatto all'ambiente; mi offrì del danaro per comprare un arredo più adeguato. Inizialmente rifiutai il suo aiuto, poi lo accettai solo a condizione che il suo fosse un prestito, ed a patto che al più presto le avrei reso fino all'ultimo centesimo.

Cominciai a darmi da fare. Scelsi delle stoffe allegre, ma non troppo, dei bei mobili, e bei quadri; creai un ambiente che rispecchiava la mia personalità, qualcosa di semplice ma originale, confortevole ed accogliente.

Finalmente riuscii ad avere una domestica fissa, e più tempo da dedicare a me stessa.

In quel periodo ritrovai la simpatia di Elisabetta, l'ironia di Maria e l'allegria di nuove e vecchie amicizie. Quando uscivo la sera, passavo indimenticabili ore a scherzare ed a ridere, non credevo di essere ancora capace di divertirmi così tanto.

UNA SERA CON MARIA E CATERINA

Ciò che amavo dei locali notturni era la possibilità di dimenticare tutti i problemi, ascoltare musica e ballare. Quella sera ero proprio felice mi sentivo spensierata, pronta a rischiare qualche freddura pur di far ridere. Ero ancora la "Giulia" da notte, quella che si vestiva in abiti neri aderenti, usava calze a rete e tacchi alti, quella che nascondeva i suoi problemi dietro ad un velo di trucco.

Arrivammo a destinazione eccitate, e divertite all'idea di

immergerci in quella atmosfera piena di fumo e colori. Dopo aver ballato andai a sedere. Le mie amiche erano là già da tempo e sorseggiavano un intruglio molto colorato da un bicchiere pieno di ghiaccio; sprofondate su di un divano mi stavano osservando con l'espressione divertita.

Non riuscivo a capire perché sul nostro tavolo ci fosse un piatto pieno di cornetti caldi; a dire il vero non compresi neanche perché le mie amiche mi stavano facendo gli auguri...troppe cose non quadravano quella sera, fui addirittura sbalordita quando mi resi conto che ad ogni tavolo si stava ripetendo la stessa scena; mi sentii un idiota.

Tale stato confusionale cessò quando scoprii che quella sera si festeggiavano i "cornuti" ..., ed il mio imbarazzo si trasformò in una gran risata.

La serata finì in un lampo, ed io riposi la mia immagine da festa, per indossare i comodi panni che mi avrebbero portato in braccio a Morfeo.

IL VOLO DELLA FARFALLA

La giornata passata con le figlie non mi riservava molte emozioni; ogni giorno dovevo percorrere lo stesso identico itinerario, casa scuola-scuola-sport e poi di nuovo a casa dove la giornata si spengeva. Ma ogni notte speravo in qualcosa di più: una telefonata, un invito ad uscire, una scusa per compiere quella metamorfosi che mi avrebbe regalato un paio d'ali di farfalla.

Elisabetta è una bella ragazza con un corpo da indossatrice, dei folti capelli biondo scuro, molto simpatica. La nostra amicizia risale all'epoca in cui suo fratello maggiore era il miglior amico del mio.

Una sera mi invitò ad uscire con lei e due suoi amici inglesi.

Devo aver speso almeno una mezz'oretta in cerca di un abito appropriato, un vestito semplice e un po' sexy, qualcosa che potesse mettere in rialto il colore degli occhi e quel po' di abbronzatura che avevo. Appena finito di prepararmi suonò la porta d'ingresso.

Le bambine dormivano già da tempo, in casa tutto taceva ...si poteva sentire solo la voce esaltata di Elisabetta che proveniva da dietro la porta d'ingresso. Mi affacciai ed, invitando gli ospiti ad entrare, pregai loro di non far troppo baccano.

La mia amica come al solito era uno schianto, i due inglesi vestivano sportivo...; uno di loro era biondo, pallido e piuttosto magro, l'altro si chiamava Jhon era castano e più muscoloso. Ci sedemmo e cominciammo a parlare.

Tra una chiacchiera e l'altra venne a formarsi un'atmosfera quasi confidenziale, cominciai a parlare del mio matrimonio fallito, ma senza entrare troppo nei particolari, per quello bastò Elisabetta...; questa mia amica ebbe la capacità di raccontare molto candidamente che, da svariati anni, non avevo avuto rapporti sessuali. Me la sarei magnata!!! Quella sera mi sentivo in imbarazzo, Jhon mi spogliava con lo sguardo e, dopo tale rivelazione, mi sentii completamente "denudata".

Mangiammo al ristorante sotto casa, poi decidemmo di proseguire la serata in discoteca. La musica avvolgeva di ritmo ogni centimetro di quel locale, l'atmosfera invitava al ballo. Ballammo. I drink, le luci, gli abiti, i movimenti sinuosi in pista, tutto deve essere stato afrodisiaco perché ad un certo punto, senza accorgermene, mi ritrovai tra le braccia di Jhon che mi baciava. Sentivo il suo desiderio, i suoi muscoli, il suo profumo, mi sentivo debole... ma non mi sentivo affatto pronta a dare di più. Lo spinsi via da me, insistette ancora... ed ancora lo scostai, continuammo così fino a quando non fummo sorpresi dagli altri due, che nel frattempo avevano smesso di ballare. Dopo quell'incontro ravvicinato dovetti promettere a Jhon che ci saremo rivisti ancora ed avremmo ripreso il discorso interrotto...

Pensai più volte a lui ma sapevo che la nostra non sarebbe mai stata una vera storia, per via della lontananza, e poi io non mi sentivo ancora pronta a rischiare un coinvolgimento emotivo.

Tornò dopo l'estate, riprendemmo il discorso da dove lo avevamo lasciato, e cominciammo a vederci di tanto in tanto. Eravamo liberi di avere altre storie, perché tra noi non c'era nessun impegno. Quando mi resi conto che questo tipo di rapporto mi lasciava soprattutto la "libertà" di sentirmi ancora più sola, sperai nella compagnia di un amico; ma cercare di stabilire con lui un rapporto meno materiale non mi fu possibile.

Dispiaciuta di non poterlo conoscere veramente, ed un po' rattristata di essere stata per lui solo un corpo, decisi di non vederlo più.

Appena scottata da una lunga esperienza matrimoniale, pensai che non esistessero più i veri uomini, ma solo surrogati bisessuali da usare unicamente come strumento di piacere; l'amore tra uomo e donna non esisteva. Questo offensivo modo di pensare, in realtà, fu solo un prestito al mio cuore ferito, una medicina il cui effetto sarebbe presto svanito.

Ho avuto altre storie, ed in ogni volta ho sperato che fosse vero amore, almeno fino a quando non mi rendevo conto dello sbaglio. Nessuno sembrava in grado di accettarmi completamente: a chi piacevo per la simpatia, a chi per il fisico, c'era anche chi mi ammirava per la forza di carattere, ma io avevo bisogno di qualcuno che mi accettasse per quello che ero, una donna imperfetta, piena di complessi e problemi irrisolti.

Alla fine di ogni storia mi ritrovavo sempre seduta da qualche parte...delusa ed arrabbiata, incapace di dar sfogo al senso di ribellione che sembrava scoppiarmi dentro; rimanevo sempre sola a fare i conti con un ex marito invadente e capriccioso. In quei giorni scoprii che la domestica era una spia del mio ex marito, cominciai a sentirmi perseguitata e la licenziai...

Quello non fu un periodo facile, ma ogni giorno imparavo qualcosa di più. Ero sicura che prima o poi la mia vita sarebbe cambiata...

CAPITOLO XIII
-
<u>QUATTRO CHIACCHIERE...</u>

Pur essendo figlia di una stirpe sopravvissuta a guerre e pestilenze, confesso che spesso il compito di madre mi distrugge; bisogna spiegare, spiegare sempre..., spiegare tutto ai figli, dare loro gli strumenti per crescere.

È successo, e succederà ancora...

Sono sicura che, uno di questi giorni, le figlie mi costringeranno a raccontare...

Avendo ormai chiuso il libro delle favole, da tempo immemorabile, la storia non comincerà col solito: "C'era una volta", non sarà una fiaba a nutrire la loro curiosità, ma l'esperienza, i consigli di vita che saprò trasmettere.

Ho vissuto, anche io, l'era della preghiera prima del bacio della buona notte, e quella del tempo che sembra non passare mai. Andavo in bicicletta, avevo le ginocchia sbucciate e le gambe veloci; spesso mi sentivo sola, incompresa, trattata ingiustamente.

Ho imparato, molto presto, che nascere sotto ad un cavolo

"reale" non significa, per forza, essere un ortaggio importante. In quasi tutto il mondo, oggi, la monarchia non esiste più; i privilegi nobiliari si stanno sgretolando a contatto con il vento della modernità. Col passar del tempo le cose cambiamo, diventa essenziale trovare il coraggio di mutare stile di vita, mentalità, atteggiamenti, è necessario rinnegare parte di sé stessi. Nonostante la brezza innovatrice sono sicura che non sia facile cancellare del tutto millenni di convinzioni.

A casa si parlava spesso di "Orgoglio di famiglia...", discorso che mi è entrato nel sangue, anche se purtroppo, a volte, me ne sono sentita esclusa.

La mia famiglia discende da Mecenati, Cardinali e Papi; il loro ricordo vive tra le pagine della storia. Siamo fieri di tale grandezza, ci sentiamo in debito con loro e cerchiamo di meritare l'onore di esserne la discendenza. Il titolo nobiliare è un premio dato al valore, spesso all'audacia, un riconoscimento, un segno di gratitudine per una grande impresa.

Grandi imprese fanno grandi uomini... grandi uomini non meritano una discendenza mediocre. Anche se mi costa fatica il solo allacciare le scarpe a tali antenati, è possibile che io somigli a qualcuno di loro, per caso o per destino potrei aver ereditato doti di cui ancora non sono consapevole. Accertato che non è sicuramente per snobismo, ma piuttosto per ammirazione, che sono felice di essere nata in cotanta famiglia, non posso negare di essere stata a volte infelice.

UN LONTANO GIORNO DEL PASSATO...

Mamma, papà i miei fratelli ed io eravamo seduti introno al tavolo da pranzo; tra una portata e l'altra mi sembrava di assistere alle nevrotiche conversazioni di un gruppetto di uccellini pettegoli, il risultato non poteva che essere la sovrapposizione di tanti discorsi. Quella sera avevo unito la mia voce alle altre, domandavo aiuto..., volevo trovare lavoro; chiedevo lo stesso aiuto che i miei non avevano mai rifiutato a nessuno. Purtroppo, non chiamandomi "nessuno", la risposta fu che avrei fatto meglio a dedicarmi al volontariato. Rimasi di ghiaccio. Il mio intento non era quello di mettere a tacere la coscienza, ma di trovare un ruolo nel mondo, un'identità professionale; ero stanca di non saper far niente, stufa di esser trattata come una viziata cocca di papà, volevo accrescere l'auto stima.

Captavo i messaggi rivolti ai fratelli...

Ero testimone delle incessanti esortazioni di papà, pensavo che tutte quelle raccomandazioni su come fosse importante trovarsi un lavoro, crearsi un'indipendenza economica, fossero dirette anche a me. Una volta capito d'essermi sbagliata, non fui però in grado di comprendere le motivazioni di un tale atteggiamento. Non mi spiegavo perché tanta preoccupazione per i fratelli e troppo poca per me, infondo nessuno di noi avrebbe mai potuto viver di rendita, questo destino ci accomunava tutti....

In molte famiglie della nobiltà regna il matriarcato; tale matriarcato non mette mai in discussione quelle antiche tradizioni che la forza del destino, e l'istinto di conservazione, ha fatto diventare regole di vita.

Per essere una perfetta esponente della nobiltà avrei dovuto somigliare un po' più a mia madre, occuparmi di casa, cucina, volontariato e pubbliche relazioni, il tutto con un fare elegante e distinto. Mi sarei dovuta accontentare di vivere nel mio magnifico giardinetto senza voler oltrepassare quella recinzione impostami dal mio status sociale; avrei dovuto mettere troppa distanza tra me e gli altri, giocare un ruolo simbolico, cancellare la parte più autentica di me stessa, ma questa è un'impresa che non ho mai voluto veramente affrontare.

Sono passata dalle stelle alle stalle, ed in quest'ultime non mi sono più sentita in colpa. La società dell'abbondanza ha provato a corrompermi, cercando di farmi diventare una persona superficiale. Il continuo confronto tra il mondo "del superfluo" e la sofferenza di uno stile di vita essenziale, impostomi dalle privazioni dettate dal diabete, deve aver condizionato il mio modo di pensare.

Mi dispiace non poter dare alle figlie una educazione internazionale, può sembrare strano ma i conquibus non bastano. Ho sempre voluto occuparmi personalmente di loro, in extremis mi sono servita di nonne e, per poco tempo, della colf di fiducia. Forse per prudenza, gelosia... o per non rischiare di perdere quello speciale rapporto che avevo con le figlie, non ho mai assunto una bambinaia; la sofferta esperienza di bambina al centro di un girotondo di persone di servizio deve avermi influenzato.

Sono stata vittima della sindrome del brutto anatroccolo. Mi sentivo inadeguata; nonostante ciò le coccole di fine giornata mi hanno dato forza, le "Quattro chiacchiere" con i miei, aperto molte porte, la loro stima mi ha messo le ali.

Sono una mamma severa perché conosco il tesoro nascosto in ognuna delle mie figlie, sento che devo assolutamente incoraggiarle a mostrare sempre il meglio di sé stesse; vorrei capissero l'importanza del lavoro, quella del sacrificio, che imparassero ad incassare colpi senza buttarsi a terra, ma salde sulle gambe continuassero a confondere l'avversario. Erediteranno quella libertà che io, e loro stesse, avranno meritato; potranno scegliersi una vita sentimentale, un lavoro, una strada da percorre. Non sono nobili, ma hanno l'onore di essere una pagina incontaminata della storia. Avranno il privilegio di non doversi confrontare con alcun: "erede prescelto dal destino", loro sono il presente ed il futuro. Fuori di casa potranno trovare una società maschilista, problemi... ma avranno sempre un nido caldo dove tornare. Non importa se rimarrà poco di quell'orgoglio di razza, che può diventare sofferenza o presunzione, a me basta che abbiano, orgoglio ed amore a sufficienza per rimanere sempre unite tra loro. Spero con tutto il cuore che abbiano una vita più facile della mia; un domani saranno donne... né più né meno che donne in mezzo ad altre donne.

Dopo aver parlato di questi argomenti il discorso si esaurirà da solo; il silenzio ci trasporterà altrove... nel regno dei pensieri, là dove le figlie custodiscono gelosamente quesiti molto più importanti, ed io nascondo il timore di vederle crescere troppo in fretta.

Conosco le loro paure, la curiosità che le tiene sveglie di notte è la stessa che mi portava a fissare il soffitto della mia camera da letto, tanti anni fa. I grandi capiscono, anche se si dimenticano spesso di capire...

Nate dalle ceneri di un'epoca, cresciute ed educate oggi, ricche di umiltà ed intelligenza; sono le protagoniste di una storia ancora tutta da scrivere, una nuova razza nata dall'unione di due diversi ceti sociali, una razza più libera di essere sé stessa, padrona del proprio presente.

CAPITOLO XIV
-
IL COSTO DI UN DESIDERIO

Sola come tante mi lasciavo trasportare dal tempo..., sperando in un miracolo.

Mi sembrava di aver camminato passi di sabbia per tutta la vita, scritto la mia storia sulla spiaggia, espresso sentimenti destinati ad essere cancellati dalla prima carezza delle onde; ero ancora lì con lo sguardo perso verso l'orizzonte in cerca di qualcosa, o qualcuno, che riempisse i miei immensi spazi vuoti.

Dopo anni di vita da "separata", mi ero resa conto che l'indipendenza conquistata, a caro prezzo, non era che un riflesso di quella libertà tanto desiderata.

Ovunque andassi, con chiunque uscissi, ero sempre consapevole della mia solitudine; la notte, persa tra le coperte di un letto enorme, avevo bisogno di raccontarmi bugie per prendere sonno.

Ma è proprio quando ogni possibile successo sembra esserci negato che accade qualcosa... Era un giorno di festa, uno dei miei innumerevoli cugini si sposava. Quando un matrimonio è alle porte tutti si mettono in agitazione, forse perché le favole in verità non passano mai di moda.

La giornata era splendida, il sole dominava il cielo illuminando la terra con i suoi minuscoli abitanti. Come per incanto una pioggia di fiori era caduta ovunque, portando l'allegria dei suoi colori in casa, nel cortile e lungo il viale d'ingresso alla Chiesa, trasformando lo scenario in un luogo incantato.

Durante la cerimonia mi ero nascosta in un angolino buio, il sorriso che indossavo nascondeva il triste ricordo di un matrimonio fallito miseramente...Dopo, in giardino, gli amici con la loro simpatia avevano cercato di farmi dimenticare la mia deludente realtà, ma ovunque volgessi lo sguardo vedevo coppie!; lui e lei, lei e lui, provavo a dimenticare di essere una randagia, o per lo meno tentavo di non apparire tale.

Il mio abito celeste era piuttosto sexy, anche se l'intento non era quello di attirare l'attenzione, me lo ero messo senza alcuno scopo "bellicoso". Salutavo questa o quell'amica, ci scambiavamo complimenti e sorrisi:" Come stai bene! Sei in forma...", se solo il mio aspetto avesse rispecchiato l'immenso disagio che provavo...; tutto sommato devo esser stata una brava attrice perché qualcuno si interessò di me.

Lui aveva uno splendido sorriso, i capelli brizzolati e mi scrutava da dietro un paio di occhiali; si avvicina: "Tu sei la gemella?", la mia ovvia risposta diede il via alla conversazione. Parlammo per parecchio tempo con tono gradevolmente ironico; mentre discorrevamo pensai che mi sarebbe piaciuto un tipo come lui al mio fianco, mi piaceva, ma non mi piacque affatto scoprire che era già fidanzato e che stava per sposarsi.

Detestai la mia ingenuità, non poteva essere libero almeno lui? da qual momento in poi lo evitai.

Per un anno e mezzo circa Fabio mi telefonava ad ogni ricorrenza, non capivo lo scopo di un corteggiamento così fugace e continuo nel tempo; poi scoprii il motivo per il quale non si era più sposato, la sua prudenza era dovuta ad una grossa delusione sentimentale.

Finalmente a febbraio...

La solita telefonata per due chiacchiere diede l'occasione a me per dire a Fabio che da lì a poco sarei partita per la montagna con le bambine, ed a lui per domandarmi se avevo una storia. Mi chiamò il giorno prima della partenza invitandomi per un tè, credevo non fosse il momento giusto per pensare ad un "noi", ma accettai ugualmente; sbagliai ad essere pessimista, in quei quindici giorni fui letteralmente sommersa da affettuosissime telefonate e messaggini. Cominciai a credere che lui fosse davvero diverso dagli altri, mi fece sentire importante.

Tornai a Roma.

Una splendida sera di marzo ...

Il cielo aveva indossato un mantello blu elettrico ed invitato le stelle più luminose a fargli compagnia. Io e Fabio eravamo stati ad una mostra molto interessante. Quella sera decidemmo di rischiare i nostri sentimenti; non avevo idea di come sarebbe finito quel patto suggellato con un bacio, anche se, ormai da tempo, ero sicura che da tra noi sarebbe nato qualcosa.

Questa storia non finisce col solito bacio lungo ed appassionato sullo schermo della vita, la mia storia continua...

L'incontro con Fabio apre un altro capitolo; mi trovo a scrivere pagine e pagine cercando di mettere insieme presente e passato. Non è stato facile far convivere due persone, due storie, non lasciarsi condizionare dagli insuccessi sentimentali, aprire il proprio cuore.

Col passar del tempo mi resi conto di aver trovato finalmente un uomo che non avrebbe rinunciato facilmente a me; qualcuno pronto a riconoscere i propri errori e capace di mettersi in discussione. Era facile dialogare con lui, anche se era altrettanto facile urtare la sua suscettibilità.

Ben presto accadde qualcosa che avrebbe cambiato la nostra vita....

UNA SERA DI METÀ OTTOBRE ....

Ricordo che avevo "qualcosa" da mostrare a Fabio, il risultato di questo "qualcosa" mi preoccupava molto; nel giro di pochi minuti mi era apparsa di fronte agli occhi una visione piuttosto sfuocata del futuro, ma come era concepibile che fosse vero!! Non potevo credere che stesse accadendo proprio a me...! A me che andavo in contro ai quarant'anni. Eppure erano quattro i test di gravidanza positivi che tra qualche minuto avrei mostrato a Fabio.

Tutto mi preoccupava quella sera: la reazione delle figlie, quella di mia madre, temevo le complicazioni che mi avrebbe dato il diabete, ma neanche per un minuto avevo dubitato della gioia che avrebbe provato Fabio. Mi sarebbe piaciuto poter godere a pieno di questa splendida notizia, ma avevo paura...dopo aver avuto due gravidanze molto sofferte, temevo di rischiare ancora pericolosissime ipoglicemie.

All'epoca della mia seconda gravidanza una notte andai in coma......

Ricordo che mi addormentai e dopo poco cominciai a sentirmi male, cercavo di svegliarmi ma non ci riuscivo, mi sentivo sempre più debole e tremavo....

Sognavo tanta gente che camminava verso una Cattedrale bianca. Io ero in prima fila e sentivo una mano fredda nella mia, quella mano apparteneva ad una figura indefinita di donna; negli annebbiati lineamenti del volto riconosco Marinella. Proprio lei...la moglie di Balilla il giardiniere, proprio lei che mi aveva visto nascere, lei che era morta da pochi giorni, mi apparve con lo stesso sorriso rassicurante di sempre, la medesima dolcezza nello sguardo.

Entrata in Chiesa un prete cominciò ad interrogarmi; riuscii ad evadere quella valanga di domande solo quando mi ricordai di essere in cinta, e compresi che il mio compito era altrove. Dirigendomi verso l'uscita vidi una figura demoniaca uscire dai panni del prete, gemendo e contorcendosi come se gli avessi pestato un callo.

Quando mi svegliai ero gelata, avevo tanto freddo, tremavo come una foglia, non riuscivo a muovermi; caddi dal letto. Fu una bruttissima esperienza, il cervello non riusciva a comandare il resto del mio corpo, la forza di volontà dovette fare gli straordinari. Mi sentii un po' meglio solo dopo aver bevuto un paio di bicchieroni, acqua e zucchero; era successo qualcosa di prodigioso la vita mi aveva richiamato alla vita!

FABIO ENTRÒ IN CASA.

Alla notizia di diventare papà non riuscì a contenere le emozioni, era talmente eccitato che diventò logorroico. Quella sera ci addormentammo molto tardi, esausti dopo aver pianificato insieme i prossimi nove mesi di vita.

REAZIONI

Quando mamma seppe che ero rimasta incinta la sua prima preoccupazione fu per la mia salute, una volta rassicurata riuscì ad esprimere liberamente la sua gioia, sarebbe diventata nonna per la decima volta. I fratelli devono avermi creduto pazza, o forse coraggiosa..., a mettere al mondo un terzo figlio; solo Fede non mi sembrò stupito, aveva avuto un sogno premonitore. Viviana e Lavinia ebbero due reazioni completamente opposte. Lavinia aveva accettato con gioia Fabio ed il bambino; Vivi invece cominciò, da subito, a farci pagare i suoi tredici anni.

In quel periodo scoprii un'altra Vivi, una Vivi terrorizzata dalle parole del padre; come può un genitore dire alla propria figlia che sua madre si sarebbe presto formata un'altra famiglia abbandonando lei e sua sorella? Non mi spiegavo come facesse lei a credere ad un tale vaneggiamento; solo qualche tempo dopo avrei scoperto che in realtà Vivi non aveva affatto paura di perdere me, sapeva che non l'avrei mai abbandonata, temeva piuttosto di perdere un padre suggente. Molte volte mi ero chiesta perché non credesse ad una singola parola che le dicevo, mentre prendeva per legge tutto ciò che le veniva detto dal padre; era forse questo un modo disperato di tenerlo accanto a sé?

Vivi non riusciva a perdonare la mia natura semplicemente umana, occupata com'era a pensare solo a sé stessa; egoista e poco duttile, era diventata estranea alla nostra felicità. Questa testarda adolescente aveva preso l'abitudine di scappare da casa ogni volta che voleva, andava dal padre felice di accoglierla per sparlare di me. Ricordo l'ansia di quei giorni, il tormento fatto di mille parole buttate al vento.

Non è stato facile comprendere i suoi capricci di adolescente; la mia fu una non adolescenza, impossibile paragonarla a quella di una figlia che ne stava vivendo intensamente ogni aspetto. Credo di essere stata bambina e poi subito adulta, di aver riposto i giochi per passare direttamente a maneggiare le provette ed i contagocce del Clinitest (strumenti per misurare la glicosuria).

Viviana se ne andò a vivere col padre; lei se ne andò senza voltarsi indietro, come aveva già fatto mio fratello. Fu crudele farmi pensare che la storia di Filippo potesse ripetersi, avevo tanta paura per lei. Il destino mi aveva dato un fratello poi me lo aveva tolto, temevo che volesse fare altrettanto con mia figlia, non credo che riuscirei a sopportare di vederla ridursi come suo zio.

Per lei avevo sposato l'uomo sbagliato, per lei avevo rivoluzionato la mia vita, avevo smesso di essere felice a venticinque anni. Le avevo regalato tredici anni di solitudine e di sacrifici, ero stanca di essere giudicata un mastino di madre, stanca di inseguirla ogni volta che scappava, stanca delle sue rispostacce.

Col tempo Vivi si rese conto di quanto fosse difficile vivere con un padre assente; aveva cercato la libertà, ma la libertà non si nasconde dietro alle parole. Tentai di riprenderla a vivere con me, finì miseramente; dopo estenuanti giorni passati a subire le sue critiche, quando finalmente mi permisi di farglielo notare, scappò di nuovo e ritornò da suo padre. Questa volta mi rassegnai era evidente che quei due avessero molto in comune, mi sentii estromessa da gran parte della sua vita.

La ferita era ancora sanguinante ed io desideravo ignorare tutto l'argomento, ma non mi fu possibile; padre e figlia non facevano altro che coinvolgermi nei loro dissapori. Il mio bisogno di tregua non fu rispettato. Non è semplice avere a che fare con la sviluppata emotività di un adolescente sempre in contrasto con un padre che non ha alcuna predisposizione a tale ruolo, specialmente se tutti e due mostrano frequenti sprazzi di presunzione.

Il destino, indossando i panni di un impietoso strozzino, mi stava obbligando a pagare il debito con interessi elevatissimi; affidando Viviana al padre rinunciavo a arte della sua vita, quella parte che mi era sempre appartenuta: "la quotidianità".

I desideri che nascono dalle speranze di oggi spesso sembrano inafferrabili, a volte si realizzano, a volte non rimangono che i sogni...

CAPITOLO XV

-

UN APPUNATMENTO GIORNALIERO

Piano piano cerco di abbandonare i ricordi, le immagini e le fragranze di ieri...

Il tempo è passato lasciandomi nell'imbarazzo di raccontare l'oggi, quell'oggi che mi sorprende in un mondo meravigliosamente diverso; la vita, che credevo una tragedia, ha assunto le caratteristiche di una insperata commedia.

La mia giornata nasce dal silenzio, anche se poi viene impietosamente interrotta da un insolente inquinamento acustico. Il palazzo dove abito è come una vecchia signora... ogni tanto ha bisogno di restauro, l'anno scorso si è fatta il lifting alla facciata esterna, quest'anno ha pensato bene di fare un trapianto di... tegole.

È mattina presto ed io sono già sveglia. Fabio dorme profondamente, cerco di emularlo ma non ci riesco; lo invidio...mi arrendo!

Poi infilatami la vestaglia, ed uno sgangherato paio di pantofole pelose, vado in camera di Lavinia. Svegliarla è un'impresa... la trovo solo dopo aver lottato contro una dozzina di peluche e coperte; lei è sempre lì rintanata, in estate e inverno, fregandosene dei cambiamenti atmosferici. Il suo sofferto risveglio è garantito da una serie di intolleranti grugniti; si chiude in bagno e, solo dopo parecchie esortazioni, ne esce per tornare in camera. Il tempo passa ma di lei nessuna traccia; pochi minuti prima delle otto si precipita in cucina, ha dimenticato di fare colazione. Il tempo stringe ma latte biscotti la riappacificano col mondo; La porta di casa le si chiude dietro ed anche questa volta non sarà in ritardo a scuola.

Subito dopo un miagolio… Alessandra si è svegliata.

È lì confusa nell'oscurità della sua cameretta; scorgo le braccia tese, è in piedi sul lettino…cosa vorrà? non posso che ipotizzare il motivo della sua accorata protesta e sono pronta a verificare il suo disagio. Poi, seduta sul vasino, beve il latte con ingordigia. Finalmente Fabio appare sulla scena, è molto sexy con quei boxer bianchi, gli occhi assonnati ed i capelli spettinati; Si avvicina lentamente alla figlia e, dopo avermi detto:" Quanto è bella!" per almeno una dozzina di volte, fa colazione.

Osservo gli splendidi occhi verdi di Ale, nascosti dietro ad un ciuffo di capelli castano dorati, non posso che pensare a quell'undici luglio.

Il corpo soprappeso rendeva ogni mio movimento goffo, ero giunta faticosamente in sala parto ed il tempo sembrava non passare mai. Tenevo sott'occhio un orologio a muro sperando che non sorgessero più contrattempi a ritardare la nascita di Ale. Era La mia prima esperienza di "Parto Epidurale", non sapevo bene a cosa andavo incontro, ma volevo a tutti i costi assistere da sveglia alla nascita di mia figlia.

Arrivato finalmente il momento tanto desiderato mi raggomitolai su di un lato per dar modo all'anestesista di fare il suo lavoro; vivevo la magia del momento emozionata ed incuriosita, proprio come Fabio che era lì accanto.

Alle sedici e quarantacinque nacque; tremava ed urlava a più non posso, era piccola, cicciottella e piena di capelli. Le mie prime commosse parole furono: "È perfetta!", le lacrime del padre sciolsero le mie in uno stesso pianto di gioia.

I giorni volarono, e così i mesi; dopo una caldissima estate passata a nutrire una piccina riluttante, ritornammo dalle vacanze. L'inverno passò in un lampo, testimone delle prime conquiste di Ale; imparò a camminare e cominciò molto presto a parlotta; man mano che cresceva, diventava sempre più svelta e simpatica.

Non c'è modo più dolce di tornare in dietro nel tempo che sorprendersi ancora a trascinare una carrozzina, ad abbracciare un figlio in fasce.

Dato il prematuro e sorprendente sviluppo di Viviana, credevo ormai che mi sarei presto trasformata in energica nonnetta dai blue jeans attillati; eluso ogni pronostico nacque Alessandra. Tale evento mi fece ritornare ad essere curiosa come una bambina in un negozio pieno di giocattoli, capace di sognare ancora ad occhi aperti un magnifico mondo creato su misura per lei.

Lei così piccola ed indifesa…lei era nata per me che conosco la delusione, l'amarezza…, per noi che avevamo vissuto le capricciose bizze della sorte, i fallimenti, e tuttavia continuavamo a sperare; Ale è nata perché io stessa potessi rinascere con lei, rinascere alla vita e perla vita.

Mentre mi perdo in un oceano di pensieri, Alessandra si mette il dito in bocca e, con la sua bambola preferita in braccio, si accascia sul vasino. È arrivata l'ora di rimetterla a dormire. La prendo in braccio e, posandola nel lettino mi chiede di cantarle una canzone; si addormenta quasi subito. Nel frattempo l'immagine di Fabio ha subito una metamorfosi, giacca e cravatta sembrano avergli dato un aspetto assai più professionale! Un paio di minuti dopo ecco che anche lui esce di casa.

Ho solo un'oretta di tempo prima che la cuccioletta si risvegli, ne approfitto per rintanarmi nel mio "pensatoio", un angolo appartato del soggiorno che ospita una scrivania, un computer, e cumuli di carta…

È proprio in quell'angoletto ricco di foto di famiglia e disegni di papà, che riesco ad esprimere la mia creatività; lì mi sono scoperta cacciatrice di farfalle…, e tuttavia incapace di sollevare i piedi da terra.

Anche oggi siedo dietro a quel tavolo. Mi tuffo nel passato, sperando di non essere sopraffatta da una marea di ricordi struggenti; ho dovuto lottare parecchio per guadagnarmi un po' di serenità, ma riesco ancora a percepire l'amarezza di alcuni episodi del passato. Il mio scetticismo non può essere altro che una scomoda eredità..., il dono di esperienze vissute con sofferenza.

E pensare che...

L'esperienza di ogni bambino nasce giocando; crescendo viene meno la voglia di scherzare, tutto sembra assumere un aspetto più serio, e se gioco deve essere, allora sarà gioco d'azzardo. Nacqui servita di scala reale, ed anche se a volte ho dovuto bleffare, mi sono avvicinata al fuoco senza rimanere scottata. Ho perso molto e guadagnato abbastanza sicurezza per potermi permettere di "tener banco". Ho visto persone consumarsi dietro ad incredibili azzardi, li ho visti perder la ragione, la dignità, perder la vita ed anche io ho perso qualcosa: "la mia ingenuità"; Grazie a questo gioco oggi sono capace di non sottovalutare le carte che ho in mano.

Distolgo lo sguardo dal computer, mi sento osservata...

Qualcosa attira la mia attenzione. Da dietro una cornice lei sorride mostrando una dentatura irregolare; sembra felice ma io so che quello sguardo nasconde: un'infanzia vissuta accanto ad una madre frustrata, la sofferenza di bambina che non ha mai avuto un padre responsabile e presente, il divorzio di genitori mal assortiti....

Viviana oggi vive la sua difficile adolescenza, portandosi dietro un mare di insicurezze e tutta la confusione dell'età; nonostante questo a volte sembra che abbia trovato un compromesso con la vita. È mia figlia e credo di conoscerla bene, anche se a volte riesce a stupirmi. Mi ha sorpreso scoprire in lei un grandissimo istinto materno.

Chi l'avrebbe mai detto che Viviana si sarebbe arresa di fronte alla tenerezza della alla piccola Ale? Sì proprio a quella sorellina che non riusciva ad accettare, quella piccoletta che l'aveva fatta scappare da casa. Tutto sommato mi somiglia molto di più di quanto pensassi. A volte faccio lo sbaglio di crederla grande, a volte mi sbaglio a crederla piccola, confesso di sentirmi spesso confusa. Bambina o non Vivi continua ad osservarmi ed io....

Mi permetto di credere, solo per un istante, ai miracoli…: voglio credere che basterà l'amore a ricondurla a casa, voglio credere che il suo senso materno funga da sprone e le faccia accettare questa famiglia rinnovata; se lei si accontenterà si accorgerà presto di aver trovato tutto l'appoggio e la sicurezza che desiderava proprio qui con me, Fabio e le sue sorelle.

Mentre cerco di sperare il meglio… Ale si sveglia.

È arrivata l'ora di congedarmi, il momento di affrontare il presente è giunto; le mie speculazioni possono attendere, Alessandra no!

Per tutta la giornata sarò madre (a volte rompiscatole), compagna, amica, confidente e amministratrice…; tenterò di dimenticare il mio lavoro di scrittrice, almeno fino all'appuntamento di domani, stesso luogo stessa ora.

CAPITOLO XVI

-

UNA LETTERA
INCREDIBILE

...Ed infine mi trovo a sfogliare le pagine inedite del passato remoto.
Cerco di mettermi in contatto con l'impossibile; imbuco una lettera nella macchina del tempo ed incrocio le dita.

Immagino…, ed immaginando, tutto mi sembra reale…

Vedo un paesaggio ancora verde, ricco di natura e selvaggina; vedo uno straniero con la mia lettera in mano e rimango testimone invisibile della sua lettura.

Nobile messere ed amato antenato

Come vedete sono pronta a sfidare lo spazio ed il tempo nella speranza di poter riavvicinare il mio mondo al Vostro; tenterò di usare un linguaggio sufficientemente arcaico, un tono gradevole e comprensibile, perché grande è il mio desiderio di comunicare con Voi. Non cercate…non trovereste sigilli a rivelarvi la mia identità. Mi presento; sono la speranza, la prova della sopravvivenza di una stirpe che non si è ancora estinta, la Vostra!. Vi sono figlia e nipote, e per questo mi permetto di essere curiosa; spero di non apparirvi irriverente nell'intraprendere l'audace impresa di provare ad immaginarvi. Di sicuro foste educato ad un ruolo prestabilito dalla nascita, Vi fu proibito non esserne avvezzo perché la storia non avrebbe perdonato debolezze. La Vostra condizione sociale imponeva matrimoni d'interesse, magari con una donna tanto ricca quanto racchia…; trovaste l'illusione di un amore tra le braccia di amanti poco sincere. Dignità e riservatezza nascondevano le Vostre frustrazioni; sembravate il padrone del mondo quando in realtà Vi mancava l'essenziale.

A qualche passo dal vostro Castello, la gente umile vestita di stracci e si riscaldava al focolare di un sentimento reale, mentre il gelo scorreva nelle Vostre vene; quanti sospetti…quanta falsità intorno a Voi, e pensare che nascendovi sotto il cavolo di un orticello più umile potevate evitare la follia del potere, l'invidia e le enormi responsabilità.

La gente Vi chiamava privilegiato, ma immagino che l'unico vero privilegio per Voi sarebbe stato potersi fidare di qualcuno. Foste invidiato perché ricco e potente, contornato da gente falsa e fin troppo ossequiosa; Vi creaste dei nemici e, senza saperlo, coltivaste serpi in seno.

A volte fu indispensabile, e doloroso, deludere le aspettative; Voi non eravate affatto perfetto come ci si aspettava; anche io, spesso, ho avuto l'impressione di dover apparire una Dea per sentirmi accettata. Vi comprendo molto di più di quanto possiate immaginare. A me non importa se, e quanto, sbagliaste…, cosa pensava la gente di Voi, in quale modo e con quale stratagemma riusciste ad inghiottire cibi indigesti. Vi devo molto…, Vi devo la vita, il passato storico della famiglia, un cognome illustre; sono una vostra particella sopravvissuta ai tempi, una particella decisamente grata a Voi per aver difeso, con tanto ardore, un ideale, una famiglia, la mia!

Il titolo nobiliare non è: un lascia passare per il paese dei balocchi…, non un vanto o un alibi per giustificare la superficialità.

Anche oggi il segreto del successo è nell'equilibrio: un po' di Sacro e profano, di bene e male, una discreta intelligenza…, il tutto ben calibrato ed agitato con cura.

Il tempo ha mutato alcune realtà.

Oggi siamo liberi di sposarci per amore, unirci a qualcuno che non appartiene al nostro rango, scegliere una professione e perfino commettere qualche errore. La scienza, ha ucciso i draghi del passato, la medicina ha preso il posto delle pozioni magiche, la gente viene curata da uno strano mago che si fa chiamare dottore, professore…; ci si ammala ma, il più delle volte, si guarisce. Oggi non ci limitiamo a trasformare l'incredibile in credibile, riusciamo, addirittura, a dimostrare quasi tutto con razionalità. Il passato?..è stato catalogato, e riposto con ordine, tra le pagine di pesanti enciclopedie.

Ho ereditato un mondo che fa fatica a conservare un po' di mistero, di romanticismo, ciò lo rende spesso noioso ai miei occhi.

Se questa lettura vi ha convinto che io viva in mezzo a draghi molto più pericolosi di quelli che avete affrontato Voi…non proverò a convincervi del contrario.   La gente come me, non è che un'immagine poco reale di un'epoca remota…, la gente come me non rispecchia a pieno neanche la propria di epoca…, la gente come me rimane sospesa a fluttuare nel tempo.

Parlandovi di me riesco a vedermi…

Mi sono sempre chiesta cosa fosse veramente indispensabile e cosa superfluo nella vita…, quali eventi avrebbero potuto formare la mia personalità, quali luci illuminare il mio buio; tutto ciò che posso dirvi oggi che è stato formativo nascere in una famiglia prettamente maschile.   Ho avuto un'infanzia combattiva, un'adolescenza combattiva, ed anche oggi, all'occorrenza, so tirare fuori le unghie.

Ero molto giovane quando constatai che tutto e tutti potevano insegnarmi qualcosa, bastava solo che io imparassi ad ascoltare ed a considerare….

Molte e molte volte ho dovuto soffocare la mia indole ribelle, ho cercato di moderare la mia emotività, spesso senza riuscirci. A volte, mi sento in corto-circuito..., soprattutto quando penso a quello che vorrei tanto fare, ma devo rimandare probabilmente ad un'altra vita. Se provo a vedere con gli occhi dell'immaginazione mi scopro a sognare una vita nelle lontane Americhe: un'esistenza semplice, una casa immersa nel verde, una famiglia, dei figli... e, perché no..., un bel cane dal pelo lucido e muso simpatico.

Confesso di sentirmi un originale caso d'intruglio cromosomico...; ho sangue Russo ed Austro - Ungarico, Irlandese ed Americano ed in fine italiano. Forse è questo Cocktail di cromosomi ad ubriacarmi d'insicurezza.

Ogni tanto mi ricordo dei miei quattro quarti di nobiltà, di tutto quello che mi è piombato addosso per diritto Divino..., ma continuo ugualmente ad ignorarli perché mi fanno sentire una bestia rara.

Tuttavia non posso lamentarmi perché oggi la vita mi ha dato un'altra occasione per essere felice; non posso che sentirmi fortunata: fortunata di aver avuto un passato difficile e costruttivo, fortunata per il mio presente. Ho tre figlie e l'amore di un uomo molto speciale, mi sento finalmente serena.

Caro antenato è giunta ormai l'ora di salutarvi... spero che questa mia lettera sia stata per Voi una preziosa e gradita rivelazione, non solo illusione..., non sia stata solo fantasia quella che mi ha unita a voi in un abbraccio, all'ombra di un desiderio....

Con grande affetto e stima.

Una futura nipote....

Lo vedo strofinarsi gli occhi, arrotolare la lettera, e guardarsi intorno turbato e sospettoso; forse è emozione quella che nasconde nello sguardo, o forse stanchezza. Si gira e, come per magia, svanisce nel nulla.

CAPITOLO XVII

-

A RIPENSARCI

Cari genitori

C'era una volta, tanto tempo fa, un bebè bianco e rosa... Aveva due pezzettini di cielo, gli occhi, la pelle di pesca ed i capelli color oro.

Oggi sembra impossibile che tale splendida creatura fosso io! A quei tempi era facile immaginare che diventassi una principessa tutta fronzoli e sdolcinatezze, ma ben presto vi accorgeste che non ero quella femminuccia tanto desiderata, non ero neanche un maschio; ero solo un tentativo mal riuscito. Prima che mi accorgessi di essere semplicemente Giulia, animale raro in via di estinzione, ho cercato con tutta me stessa di somigliare a qualcuno, con risultato catastrofici

Il tempo si perdeva tra le pagine consumate di un calendario... Ho sempre pensato che la mia storia dovesse essere illustrata con immagini tridimensionali; non mi sarei mai accontentata di rappresentarla con delle semplici figure colorate. Questa sarebbe stata la favola di una Raperonzola che desiderava tanto tagliarsi i capelli, preferendo indossare i panni di Titti, piuttosto che dover sopportare il peso di un principe azzurro aggrappato alle sue chiome. Proprio così, avrei preferito diventare un cartone animato, cadere dalla torre più alta, spiaccicarmi al suolo e rialzarmi un po' sderenata, ma sempre molto vitale; se proprio il mio destino doveva essere quello di diventare un personaggio assurdo, avrei preferito che fosse almeno comico! Perdonatemi se non vi ho permesso di trasformarmi da bestia in bella, ma non ho mai creduto di essere vittima di un tale sortilegio... (e poi questa è roba da denuncia alla protezione animali).

Crescendo non sono poi cambiata tanto; ho la stessa anima da pioniere, i medesimi quattro peli spettinati in testa, le scarpe da ginnastica (che spesso nascondono piedi al gorgonzola) e jeans scoloriti e trappati ad altezze imbarazzanti... forse vesto troppo da ragazzina, ma non posso far a meno di subire il fascino del " casual" trasandato, soprattutto perché non fa pendant con lo stemma di famiglia... Mi trucco mal volentieri e detesto ancor di più struccarmi, non ho mai fatto amicizia con batufoli di cotone, cremette ed affini; non amo dipingermi il viso, togliermi la maschera prima di coricarmi la notte, Chi mi dorme accanto non incombe nel pericolo di giacere accanto ad una sconosciuta, Nonostante ciò mi ritengo una farfalla, non più uno struzzo e nemmeno un austero cigno; ho ali grandi e colorate, ali che ho dipinto io..! Ali "casual".

Cara Fro'

Ti confido un segreto: mi è sempre piaciuto crederti un personaggio magico... in passato hai assunto le sembianze di fata, strega e, perché no? Anche di folletto. Provenisti dal nulla, fosti nominata agente segreto del fato e ti prendesti cura di noi. Una vera 007 in gonnella; la tua missione "impossibile" era educare cinque pesti. A volte sei stata sorpresa dalla tenerezza e messa fuori combattimento, altre hai risposto prontamente ad attacchi imprevisti. Bisogna proprio essere pronti a tutto quando si ha a che fare con la banda Bassotti... Avevi una macchina tutt'altro che sportiva, un velocipede assolutamente privo di gadget, un mezzo che non somigliava minimamente a quella di James Bond. Il tuo nome in codice era: "A Frò...", e avevi il Sacro. Santo terrore di guidare. Ricordo che cominciavi ogni viaggio con una preghiera a San Cristoforo, e dopo avere trattenuto il fiato per tutto il tragitto, arrivati a destinazione, sospiravi: "Grazie a Dio!". Gli inseguimenti temerari non erano il tuo forte, anzi li evitavi a priori; preferivi attendere il momento giusto per mettere in atto trappole molto più efficienti ed inaspettate. Eri un agente segreto in tailleur di lana, borsetta e sigaretta pendente tra le labbra serrate; il tuo sguardo attento e luminoso, apparentemente impenetrabile, a volte sembrava tradire un animo propenso all'ironia, Il mondo, allora, sembrava girare attorno a gioco e disciplina, il tutto gestito dal tuo buon senso. Con il passar del tempo, tu apparivi sempre la stessa Frò dai vestiti pesanti e passo militaresco; neanche la nicotina che assumevi ogni giorno sembrava capace di farti capitolare, poi andasti in pensione, ma non dimenticasti mai un passato così avventuroso; i tuoi album devono esser pieni di fotografie, testimonianze di un passato ancora presente.

Ed in fine penso a voi... Cari fratelli

Non mi è difficile immaginare la vostra curiosità, vi chiederete il motivo per il quale ho sentito l'esigenza di rivangare il passato. La risposta è semplice, non ho dovuto scavare troppo a fondo per far rivivere persone e fatti; ciò che è stato esiste ed è presente in ogni attimo della mia vita presente per fondersi in una stessa realtà. Ho scritto la mia storia, scoperto una fiaba che non è fiaba, una realtà che sembra irreale. Sono consapevole d'essere incredibilmente reale e realmente incredibile. Mi sono divertita ad inseguire l'assurdo, rattristata a frugare tra i rifiuti nascosti dell'inconscio; tutto ciò mi ha portato oggi ad essere la vostra unica... sorella rompiscatole. Chissà quante volte avreste voluto mandarmi a quel paese e magari non lo avete fatto, ero così piccola e fragile... Forse vi avrò deluso, sorpreso, a volte sarò stata invisibile, altre invadente... Quanta confusione in quella che chiamavamo casa, ma spesso sembrava la dimora di equini selvatici; come avrò fatto a sopravvivere tra tutti quei maschi? Per i miei gusti c'erano troppi galletti in un sol pollaio e, mentre a voi cresceva la cresta, io mi sentivo un timido ed inadeguato pulcino spennacchiato. Non ostante ciò abbiamo condiviso tanto. Il passato ci ha vestiti di tutto punto, pettinato e lucidato le scarpe, abbiamo avuto il privilegio di frequentare le migliori scuole, di attendere la nostra età della ragione nelle lussuose anticamere dell'alta società, Splendevamo come cristalli di Boemia e nascondevamo emozioni, sentimenti, nel buio delle nostre camere da letto, L'oscurità della notte era complice dei nostri sogni, una silenziosa preghiera chiudeva le porte al giorno. A volte mi sono confidata con peluche dall'espressione buffa, altre ho preso a pugni quel povero cuscino la cui unica disgrazia era quella di essersi accasciato sul mio letto. Mentre le stelle nel cielo annunciavano l'imminente visita di Peter Pan, mi addormentavo con i muscoli delle braccia indolenzite dal combattimento. Vi ricordate quando mammà ci raccontava di "nano sabbiolino?" Si... di quell'esserino che sarebbe sbucato dal buio della notte per gettarci una polverina soporifera negli occhi? Già... proprio lui, quel curioso incrocia tra uomo e zanzara. A me piaceva tanto l'alone di mistero che avvolgeva quei momenti per scoprire un mondo sommerso, un universo di cotone illuminato dalla torcia. Siamo figli delle stesse fiabe, fratelli nel baccano, eredi di una stessa educazione. Ma quanto siamo diversi e soprattutto quanti siamo diventato! ogni uno di noi ha la propria famiglia.

È proprio quando i personaggi della fiaba inaspettatamente aumentano, e un misterioso principe appare sulla scena, che solitamente troviamo scritto "E vissero felci e contenti..." nella speranza di rimanere indistruttibilmente elastici come Willy il coyote, simpatici e allegri come Bugs Bunny, forti come Braccio di ferro, e soprattutto fortunati!"

P.S. Non sarebbe bello un mondo dove personaggi da fiaba e cartoni animati potessero convivere in pace? sentirsi tutti uguali e uniti sotto lo stesso fantastico cielo stellato? Non smetterò mai di essere una sognatrice.

Pubblicato in **Santa Marinella**

Seconda edizione

Printed in Great Britain
by Amazon

49505774R00058